ミュージアムと生涯学習

武蔵野美[illegible]

はじめに

本書をひろく読んでいただくために、まず二つの主題と二つの目標を述べておきたいと思います。二つの主題とは「生涯学習」と「ミュージアム」です。

目標のひとつは「学ぶ」楽しさを、より多くの人たちに味わってもらいたいこと。そして、「学ぶ」ことが、自らが果たすべき使命を見出し、豊かな人生をおくるための、唯一の方法だということを考えていただきたいことです。そのために「生涯学習」というアイデアが提唱された出発点から紹介します。そして「生涯学習」の拠点として、博物館や美術館がいかに、有効な空間と技と素材を提供してくれる場所かを紹介するのが本書の特色のひとつです。言い換えれば「ミュージアム・ラーニング」の意義と方法を紹介することです。

もうひとつの目標は、本書の主要な読者となるだろう博物館や美術館の学芸員をめざす人たちに、「生涯学習」の考え方が、博物館や美術館、すなわちミュージアムにとって、いかに重要で「革新的」であるかを理解していただきたいことです。それはミュージアムが「生涯学習の拠点」としての役割を担っているからにほかなりません。

そのうえで、「学芸員」という職が「生涯学習の達人」であることを求められているということを述べたいと思います。

今日の日本では「生涯学習」という言葉や考え方が、かなりひろく行きわたり、すでに常識的なことがらになりつつあるように思われます。しかし、「生涯学習」というと「一生涯、勉強か」と、憂鬱になる人もいるかもしれません。しかし、ほんとうは「勉強」や「学ぶ」ということほど、面白いものはありません。そのことに多くの人が、とりわけ若い人たちが気づいてほしい。それでも「勉強ぎらい」の人にいくら説いても、その人自身が「学ぶこと」の面白さに自らはまり込んでみないと、容易には分かってもらえないでしょう。そんな人をミュージアムにさそってあげてみてください。好奇心や知的な関心の強さには先天的なものがあるかもしれませんが、潜在的な関心が、ミュージアムの展示や資料によって呼び起こされるかもしれません。思いがけない発見や感動に出会えて、「生涯学習」のテーマがそこからはじまるかもしれません。

また、身近な世界で、疑問に思うことや、好奇心を感じたことに対して、それが何であるかが「分かった」ときに感じるよろこびは、ことの大小を問わなければ誰にもあることだと思います。実は、その積み重ねが「勉強」とか「学習」です。「学問的な発見」もその延長上にあります。また、生きていくうえでの必要に迫られて調べて知ろうとすることや解決すべき問題の答えを求めての「学習」もあるでしょう。あらゆる欲求や夢をかなえるために、目標をしっかり見すえたり、そのための手段を手に入れることも「学ぶ」ことにほかならないのです。市民のさまざまな疑問や関心に対応した驚くほど多様なミュージアムが存在しています。

「生涯学習」という考え方が、自ら学ぶ力をつけることを基本に、万人が幸せに生きるために必要なアイデアであり技であること。これを伝えることが、本書のひとつの重要な目標ですが、「生涯学習」を実現するために、実はミュージアムという「仕掛け」がけっこう役に立つのではないかということを繰り返し紹介します。さまざまなミュージアムがいろいろなメニューを用意して待っていますが、これを内側から支える役回りとして「学芸員」という「知の達人」たちが活躍していることを、皆さんに意識していただきたいのです。

まず、第Ⅰ部「学芸員と『生涯学習』」では、監修の神野から、何故、「生涯学習」の考え方が博物館や美術館の学芸員の活動と直結するのかを、この考え方や制度が生まれてきた経緯を通して紹介します。とくに「生涯教育」や「生涯学習」のアイデアを提供したポール・ラングランの考え方をやや詳しく解説します。そのことを通して「生涯学習」のアイデアが、これからの世界を私たちが生き抜くためにどれほど大きな力になるのかが浮き彫りなると思います。

そのうえで「博物館」や「美術館」が、市民にとって、さまざまな発見と感動の場として格別な魅力を持つ場所となり、多様な学習の出発点になるような発想やアイデア、情報を提供できる場所になりうるか、その可能性を考えてみましょう。

また、ミュージアムは学芸員自身にとっても、自らの専門分野の見識を深めることができる場所です。そして、市民との交流によりともに学んでいく実践的な学習の場だということを考えていただきたいと思います。分野を超えるひろい関心を持ちつつ、自らの専門分野を深く学び続ける学芸員がいることが、市民が自己学習の拠点として活用できる場となる基本条件であることを確認しておきたいと思います。

そこで、第Ⅱ部「ミュージアムでの学び」では、杉浦幸子《すぎうらさちこ》と紫牟田伸子《しむたのぶこ》が、主に美術館における学びのあり方と実践について取り上げます。東京・六本木の「森美術館」で開設当時からパブリックプログラム（教育普及活動）を専門とする学芸員として活躍してきた杉浦は、現在は京都を拠点に美術館におけるさまざまな学習プログラムを展開していますが、本書では、これまでの実践的な取り組みを例にして、ギャラリー・リテラシー（美術館を活用する能力）を育てることの大切さを海外で調査した事例も含めて語ります。また、日本の代表的な美術雑誌を舞台に編集者として活躍してきた紫牟田は、長年にわたり美術の世界で作家活動や展覧会を見つめて、また自らワークショップを主宰してきた経験から、生涯学習が自らの「学びを編集する」ものであるという見方を紹介します。なかでも美術館側が「学びの場」を作ることの重要性を認識し、「知的な遊びに誘う」「学びを引き出す」工夫を重ねることの必要性と、美術館を訪れる人々から美術館自体が学ぶという双方向コミュニケーションの視点が大切だということを力説しています。

第Ⅲ部「生涯学習の先達に学ぶ」では、「自学」の天才たちの目を見張るような学びの足跡をたどります。「生涯学習」は、まだ歴史の浅い言葉ですが、その実践はわが国でも先人たちにより、さまざまな形でなされてきました。近世における儒学者や蘭学者などの学問のあり方は、これまでの「生涯学習論」でも紹介されていますが、近代日本になってからの「生涯学習の先達」も数多くいたはずです。本書では、牧野富太郎、南方《みなかた》熊楠《くまぐす》、岡本太郎の三人を取り上げました。前の二人は、幕末生まれで寺子屋時代の教育から近代の教育制度への転換期に学んだ人たちですが、東洋の学問の蓄積のうえに西欧で展開されてきた学問を旺盛に取り入れ、独自の世界を打ち立てています。彼らがいかに学んだか。その青年時代の大きな志とその学習方法について垣間《かいま》見《み》ることとします。

その次の世代にあたる人物として芸術家の岡本太郎の自己形成の道筋を仲野泰生《なかのやすお》が紹介します。仲野は、はじめ学校現場で美術教育に携わり、川崎市岡本太郎美術館が創設されるときから学芸員として中心的な役割を果たしました。そして「多面体」といわれる岡本太郎の世界と取り組んで、こんな面もありうるかと驚かせるユニークな展覧会をいくつも立ち上げました。本稿は仲野がこの美術館の学芸員だったときに本書のために執筆したものです。岡本太郎のユニークな生き方には、青年時代にパリの画壇から学んだ前衛芸術とパリ大学で学んだ民族学とが車の両輪のように響きあっていることが語られます。自らの直感から「演繹《えんえき》的に」生み出される世界と、多様な民族造形などとの出会いから「帰納的に」築き上げた世界とを、激しく戦わせて「対極的に」自らの世界を築き上げるという岡本独自の「全人間的に生きる」方法が明快に紹介されます。

第Ⅳ部「学びの時、学びの場」では、私たちがいつ、どこで学びのタイミングをつかむのか、それをいかに人生と結びつけられるかを考えてみましょう。ひとつは、かつて数多くの小中学校教科書に取り上げられ、愛されてきたドーデの小説「最後の授業」を話題にします。この文章が教科書から一斉に消えた経緯にも注目します。「学ぶ」ということについて、「学ぶ時」についてなど、改めて多くを学ばせてくれる教材です。

最後に鈴木《すずき》敏治《としはる》が「社会教育」「生涯学習」の実践現場における自らの体験を語ります。鈴木は、地域の人々とともに学び、人々との出会いを通して自らを高めていく場として「公民館」活動の大切さに注目し、その設立と運営に青春を賭けました。その町の第一号公民館建設が実現すると自らその中核になって「学びの場」を開拓した日々が紹介されます。その公民館は、全国のモデル館としても知られるようになりました。鈴木自身も公民館の学習グループとともに学んだ「農的生活」と「版画」の制作にめざめ、定年前に能登半島の村に移住し、現在、農作業と版画作家としての活動を通して地域の人たちとともに学ぶ日々を語っています。生涯学習をサポートする公民館での活動から、自らの生涯学習を築いていった展開が紹介されるわけですが、本書の主題である博物館における学芸員の役割を考えるうえでも、また、読者のみなさんが自らの学習展開と人生を考えるうえでも示唆的な文章になっていると思います。

さて、ミュージアムと学芸員に注目して「生涯学習」の意義を語ることを目的にした本書ですが、全体としては、博物館や美術館が学びの拠点として、いかに有益な場所となるか、そこで学芸員が果たす役割がいかに魅力的であり、かつ「生涯学習」を推進するうえで大切な仕事であるかを考える手がかりとなり、その指針となれば幸いです。

二〇〇八年一月

神野《かみの》善治《よしはる》

目次

Ⅲ　生涯学習の先達に学ぶ

Ⅳ　学びの時、学びの場

Ⅰ　学芸員と「生涯学習」

神野善治

1　なぜ「生涯学習」を学ぶのか——「生涯学習の拠点」としてのミュージアム

博物館や美術館、すなわちミュージアムの学芸員をめざす人たちは、「生涯学習」の理念や実践の方法について学ぶことを義務づけられています。それは何故でしょうか。かつて私（神野）が学芸員の勉強をしていたころは、「社会教育概論」という必須科目がありました。私の場合は、なんとか単位を取得し、学芸員資格を得て、自らが地方の地域博物館の学芸員になって活動を始めるまでは、あまり、その科目の重要性を意識することがなかったというのが正直なところです。

「社会教育」はその後、「学校教育」や「家庭教育」などと一体となって「生涯教育」という考え方に統合され、やがて「生涯学習」という概念が一般的となりました。私の勤務した「歴史民俗資料館」は教育委員会の社会教育課に所属していましたが、やがて、多くの市町村は、「社会教育課」を「生涯学習課」と改称し、資料館・博物館もそこに所属することになりました。つまり、博物館や資料館、それに美術館などは、「生涯学習」のための一機関として位置づけられるようになったのです。そして、博物館や美術館の学芸員は、ひろく市民が生涯学習を進めていくために奉仕する役目を担わされることになるのです。それはあとで紹介するように、いわゆる「生涯学習振興法」（正式には「生涯学習の振興のための施策の推進体制等の整備に関する法律」）が施行された一九九〇（平成二）年以降のことで、その後、大学の学芸員課程でも「社会教育概論」にかわって

「生涯学習概論」が講義されるようになりました。

ということは、博物館・美術館が、「生涯学習の拠点」と考えられるようになったのも比較的最近のことだといってもよいのです。そのため、これまでの学芸員のイメージにも転換が求められるようになったことも事実です。従来の学芸員は、博物館や美術館の専門職員として、美術史や歴史学や民俗学など、それぞれの専門分野の学芸に秀でた学究のイメージが強くありました。考古学の発掘資料や古美術品などに詳しく、その資料収集と保存にあたるエキスパートとして、専門性を発揮して、展示をまかされ、図録などに解説や論文を寄せている研究者としての面がイメージの中心にあったと思われます。今日でもこれは学芸員の重要な一面であることにかわりありませんが、「生涯学習の拠点たる博物館」という捉え方が浸透してきたことで、学芸員も、博物館の裏側、すなわち学芸員室や事務室、収蔵庫にいるだけではなくて、展示室や講堂など博物館の表側に積極的に出てきて、市民の前に顔を出すようになり、解説や質問に答え、講座の講師、ワークショップの推進役を務めるなど、普及活動、教育活動にも多くのエネルギーをそそぐようになってきたのが、大きな変化だといえます。

生涯学習の機会を求める市民に対して、援助者としての役目は、博物館の学芸員ばかりでなく、図書館や公民館の職員、学校の教員など、生涯学習にかかわる施設で、指導的、教育的立場で働くすべての人々に共通して求められています。その中で、どこに学芸員ならではの特性が認められるでしょうか。

生涯学習の達人になる

博物館や美術館の学芸員には多様な役目が求められています。専門分野の研究者として、コレクターとして、展示やイベントの企画力、その開催までのプロデュース力、交渉力、経営管理能力、解説者としてのプレゼン力、文章力などなど。ほんとうに万能選手のような力量を求められますが、その基本として求められるのが、自らの知的創造力を確立することであると思われます。

学芸員自らが、専門の領域で魅力ある研究活動を行い、それを適切に展示し、紹介する能力を発揮することで、魅力あるミュージアムの実現に寄与するでしょう。博物館、美術館は学術性が重視されますが、必ずしも学ぶだけの場所ではありません。知的感動を楽しみながら味わう場所でもあります。創造の喜びや、驚きを共有することができる場だと思います。それだけにアミューズメント性がおおいに求められるので、そのようなセンスを発揮することも学芸員には求められます。ただ、その楽しさや、驚きの感動の中核に、知性を刺激するものがなくてはならない。それを見出す眼力、演出する力量が求められます。プロデューサーとして、あるいはディレクターとしての、あるいはエンターテイナーとしての力量が求められます。

さまざまな新しいテーマを開拓しつつ、つねに学び続けるためには、自ら学ぶ力を獲得する以外に方法がありません。その技に磨きをかけ、たゆまず継続する学習。それが学芸員の仕事ではないでしょうか。

しかし、同じような力量は、実はおそらくあらゆる職業の指導的立場にある人が求められることだと思われます。それが具体的な実物資料をベースに、学術・芸術の面で創造力を発揮することが期待されているのが学芸員なのであり、資料の収集保存と展示という方法を通しての学芸活動が待望されているのが、ミュージアムという空間なのでしょう。つまり、学術・芸術の世界で、つねに生涯学習し続けるエキスパートが学芸員ということでしょう。いわば「生涯学習の達人」であることが求められているということだと思います。

また、自然や文化芸術について知ろうとするときに、これほど有力な場はないと思える拠点がミュージアムなのだということを改めて強調したいのです。

その空間と時間を創出し、演出し、将来へ伝達するキーパーソンとしての学芸員がどれほどオールマイティーな力量を求められているのか。はたして、そのような能力を身につけることが可能なのかどうか改めて考えてみましょう。

2　ラングランを読む――なぜ生涯学習か

世界を動かした「生涯教育」の理念

ユネスコ（UNESCO）という組織を知っている人は多いと思います。その名は「国際連合教育科学文化機関（United Nations Educational, Scientific and Cultural Organization）」の英語の頭文字をとったもので、教育、科学、文化を通じて世界の平和と安全を語り合う場として国連に設けられた機関です。とくに参加各国の教育政策に指針を与える重要な役割を担ってきましたが、その存在はとても地味なものでした。しかし、近年はとくに「世界遺産」というヒット・メニューで華やかな話題が注目をあつめています。

このユネスコが、一九六五（昭和四十）年にパリの本部で開催した「成人教育推進国際委員会」で、初めて「生涯教育」の理念が提示されました。その中心的な役割を果たしたのが会議の議長を務めたポール・ラングラン（Paul Lengrand, 一九一〇～二〇〇三）という人物です。彼の提出資料に示された「生涯教育」の理念は、活発な議論を経て、各国に波及し、世界の教育制度や教育に関する政策に革命的な影響を及ぼしました。

「生涯教育（Lifelong Education）」という考え方は、その後「生涯学習（Lifelong Learning）」という捉え方に展開していきます。今日の日本では、すでになじみ深い言葉になっていますが、この「生涯学習」の土台となった生涯教育論が、なぜ革新的な考え方だったのか、以下すこし詳しく紹介しておきましょう。

ラングランの「生涯教育論」の特色は、次の三点です。
① 何か「実体」として示されたものではなく、「一連のアイデア」「原則」「一連の関心と研究の方向」を提供するものだったこと。
② 「このアイデアを実施に移せば、教育体系を変えてしまうような本質的な変化をもたらす」ものとなったこと。
③ 教育観、学習観の転換を迫るものだったこと。

とくに最後の教育観、学習観の転換というのは、従来は一定の知識や技術を修得すると、学習は完了するものととらえられていたものを、学習は生涯にわたって継続するものであることを示したことが重要です。

ポール・ラングラン

そのために、従来は、青少年という年齢層に限られていた教育を、個人が生まれてから死ぬまでの生涯にわたる教育（すなわちライフ・タイムに対応した教育）に広げることと、もう一方で、学校という場を中心に行われていた教育を社会全体に広げる教育（すなわちライフ・ワイドの教育）に展開し、この両方を統合的にとらえるライフ・ロングの教育を実現することが提案されたのです。

生涯教育とは「一人ひとりの能力を十分に豊かにのばし、その使命を達成させるための制度である」ととらえられます。

現代人に生涯学習を迫る「挑戦」

生涯にわたる教育が、なぜ必要となるのか。それは、現代社会における次のようなさまざまな「挑戦」によると説明されています。

ラングランは『生涯教育入門』（原著一九七〇年刊、波多野完治訳、全日本社会教育連合会、一九七一年）第一章冒頭で、生きるということは、人間にとって、万人にとって、つねに挑戦の連続を意味するものだったと語り始めます。すなわち一人ひとりの「人生」には、老齢や病気、人との出会い、とりわけ男女の遭遇、生涯の伴侶の選択、子どもの誕生、そして最愛の人の喪失などの個人的事象から、職業や金銭と競争、宗教や政治との社会的なかかわり、はては戦争や革命に至るまで、さまざまな「挑戦」が存在してきたというのです。これらは人間の存在にとっては、いわば普遍的なことがらではあるが、二十世紀初頭以来、次に示すような「新しい挑戦」が連続することで、これらの基本的要素がさらに強烈なものとなり、「個人や社会の運命を大幅に変え、人間の活動をさらに複雑化して」、これまでの伝統的な捉え方を混乱させていると指摘します。その「新しい挑戦」の要素のうち最も重要なものとしてラングランが示したのは次の九つの事項でした。

①加速度的変化、②人口の増加、③科学技術の進歩、④政治の領域における挑戦、⑤情報、⑥余暇、⑦生活様式と人間関係における危機、⑧肉体、⑨イデオロギーの危機

なお、ラングランが指摘するところは、日本の状況だけでなく、グローバルな視点からの学習事情を前提にしていることを時々意識しながら以下を読んでいただくと分かりよいと思います（以下、波多野完治による翻訳を参考に紹介します）。

①加速度的変化

「世界は変転している」。このことは決して今に始まったことではなく、「いつの時代においても世代から世

代へと人生の景観は変化してきたし、理想や習慣や概念も変化してきた」。新旧の価値をめぐる論争はいつの時代にもあったが、その変化が加速度的に速くなったのが新しい現象だとラングランはいいます。「あらゆる分野であまりにも激しい変化に直面しており、そのために昨日の解釈は、もはや役に立たなくなってきている」。そして、ひとりの人間として子どもの時代に築かれたイメージが大人になってからの現実世界に対応しなくなり、対立的なものにさえなりつつあることを強調しています。

「人生の知覚」と「人生の現実」との間の不均衡を解消するためには、一人ひとりが相応の努力をすることが求められ、これらを怠ると、いつの間にか「既存の環境のなかで『異邦人』となってしまう」おそれがあるというのです。

したがって、これまで世代から世代への知識体系の伝達のために築かれてきた教育技術や構造の大部分が有効性を失ったので、「教育の伝統的な機能や役割それ自体を批判的に再評価し、厳密な検討の対象にすべき」であり、「教育は早急に新しい道を求めるべき」だとしています。このことが従来の伝統的教育観や教育方法を打ち壊さなくてはならない理由です。

安定的な伝承がなされてきた世界では、先例に従ってなるべく保守的に生きていくことが賢い方法だととらえられる傾向がありました。ところが加速度的な変化は、我々に「変化」に対応する「機敏性」や「適応性」を身につけさせ、「新たなる学習」を求めてくるようになったのだということができるでしょう。

②人口の増加

ラングランが示した二番目の項目は「人口の増加」です。ここには「人口の増加と寿命の延長」に伴う課題が示され、今日的には「高齢化社会」の課題とも言い換えられます。

まず、人口増加が「教育に対する需要」を絶えず増大させていること。とくに教育に対する権利意識が発達したことにより、教育環境の量的な増大が求められるのが世界的な傾向です。しかし現実的には厳しい状況にある国々が多いのも事実でしょう。

先年ベトナムを訪ねたときのことが思い起こされます。ハノイの町の昼どき、子どもたちが街路にあふれている光景に出会いました。何か特別な日なのかと思って聞くと、これは校舎不足のため、午前午後の交代制授業が行われているので、午前割り当ての児童が下校するのと交代に、午後授業の児童が登校する光景だというのです。児童数増加に教育環境の整備が間に合わない状況が反映した光景だったわけです。

さて一方、「寿命の延長」は「教育の量」の問題だけでなく、「教育の役割、あるいは教育の本質そのものの変化」を迫っていることが指摘されます。高齢化社会の展開で、教育機会は学校卒業後も求められ、「教育の伝統的な機能」を超えた需要が展開することが指摘されています。

また、人口増加の課題は、実は地球規模の課題であって、限りある地球資源の保存と活用の問題に展開します。これを解決するには、「教育」だけが「人間の存続と尊厳とに影響を及ぼす問題に対して、効果的かつ永続性のある解決法を与えることができる」とラングランは展望を示します。ラングランの時代以降、食料問題や地球温暖化などの環境問題はさらに急速に深刻化し、私たち一人ひとりが無関心ではいられない社会が到来しています。

③科学技術の進歩

この項目は第一の「加速度的変化」に対応するもので、とくに二十世紀の社会変動として最も大きな力を発揮した科学の進歩と技術革新が取り上げられています。これが人間性全体に対して大きな影響を与えてきており、なかでも技術の領域で起きている急速な変化に目をむける必要があります。つい一〇年前に最先端にあった発見やプロセスが、多くの場合すでに陳腐なものになってしまうという現象です。その加速性はラングランの時代以上に進展しているのではないでしょうか。そこで「もし教育の目的が、技術者が明日の技術に対して自分自身を適応させることができるように訓練することであれば、生徒に対しても学ぶことを教えることに努力を集中しなければならない」、なぜなら「技術者は生涯学習しなければならないからである。もしこのことが技術者にとって正しいならば、あらゆる分野の専門家についても同じことがいえる」。「時代についていけない人は、放り出される運命にあり」、「生涯学習しなければならないというこの原則を学者や高級専門家だけの問題だと考えないようにしよう」。「絶えず概念や技術を更新する必要に迫られている」。「この脅威が、成人教育を必要とする主要な動機のひとつにもなっている」と、生涯学習がなぜ必要かが強調されます。

④政治の領域における挑戦

世界の新しい潮流として、一人ひとりの人生に大きな変化をもたらす要素として、ここで取り上げられるのは「政治の領域における挑戦」です。ラングランがいおうとしていることを端的に示せば、それは「民主主義の浸透」ということだと読み取れます。近代国家として「民主主義」をいかに展開できるかにより、一人ひとりの市民がいかに豊かな人生を送れるかという鍵が与えられるということです。

「政治」は疑いなく私たちの人生のあり方を支配する主な要素です。現代の日本のようにごく恵まれた国を除くと、戦争や革命を現実に体験し、あるいは紛争の渦中にあって、歴史の流れに翻弄される人生を送らざるをえない国ばかりの世界に思えます。

ラングランは「われわれの知っている世界が、現在のあるがままの形で永久に安定するよう運命づけられるべきであるとはとうてい考えられない」といい、民主主義の浸透が確実に進んでいるということをほのめかしていますが、一般的にいって「市民という概念」の内容それ自体が、絶えず問題となっていて、不安定なものですし、つねにあともどりしないように検討事項としていないといけないし、とくに指導的立場にある人たちが、「学習を継続する場合に限り、必要な権限と能力をもって、自己の機能に内在する仕事を遂行することができる」と、学習の重要性を強調しています。

まずは「市民意識」が育っていかなければならない。「真の独立」「効果的な独立」を勝ち取るためには、高級、中級の指導者を育てるシステムをつくることが重要であり、そのための対価を払う必要があるのだと指摘しています。

⑤情報

ラングランは表題を単に「情報」とだけ示していますが、いわゆる「高度情報化社会の到来」を予言していたかに読み取れます。「マスメディアの恐るべき発達という状況にいかに対処するか」と。一九六五年という今から四〇年以上も前に、ラングランの見通しの中には必ずしも今の高度情報化社会の具体像は見えてはいなかったでしょう。それでも提案が今も新鮮さを失っていないのに驚かされます。

「情報は、それを受ける人々が集中的かつ継続的な訓練を受けている場合にかぎり、建設的な役割を果たすことができる。受けたメッセージやデータを理解し、同化し活用するためには、人は言葉を（話し言葉や書き言葉とともに視覚的なものも）理解し、記号の読み方の練習、とりわけ批判的精神や選択能力を育てることが必要である。この選択は、入ってくるニュースの重大性や信頼度に関してある判断を下す場合であれ、人格の発達と強化に役立つその他の手段との関連で情報に対して適切な位置づけをする場合であれ、あらゆる場合に要請される」と。

コンピュータ時代、そしてグローバルなインターネットによるコミュニケーションの時代となった現代において、このことはなおさら要求されることになったといえます。

怒濤のように押し寄せる情報、求めれば世界のどこからでも入手できる情報、この恩恵に浴することが、あらゆる人に開かれています。しかし、ほんとうに有益な情報を選びとり、探し出す能力というのは、かなりのトレーニングをつまないかぎり容易には得られません。あふれる情報に翻弄されるだけの利用者になりかねません。高度に情報化された社会での学習方法が今は訓練される必要があります。このことを四〇年前にラングランが指摘した先見性には脱帽せざるをえません。

⑥余暇

生活状況に決定的な影響を与えている要素として余暇の増大が指摘されます。ただ「余暇」といっても、ラングランは「近代的な形態と次元と内容をもつ余暇」は「産業社会」が生み出したもので、そのあり方は人々の属する地域や階層、組織の中の部署によっても異なり、非常に不公平な状況にあることも指摘しています。たとえそうであっても、世界ではあらゆる人々が次第に「新しい次元の時間」、つまり「余暇」から利益を得ることができるようになりつつあるので、その時間を自己のために適切に活用する方策をとるべきだとしています。「人間の存在を豊かにするメッセージ」は身の回りに満たされているので、これら（たとえば芸術や科学などからのメッセージ）を解読する力を修得することが重要だとします。ここに余暇に対する教育者の基本的な仕事があるのだというのです。

「それは自覚し、（自ら）思考し、思考したものや感情を（自らの言葉で）表現する手段を与えること」であり、「人々が自分自身を十分に高めることを助けること」だというわけです。

一日の生活のほとんどすべてが労働に費やされ、労働以外は食事と休息と睡眠のみというような生活状況から脱して、労働時間が社会的、制度的に制限され、家族と過ごす時間を大切にする、自分の時間を楽しむといった生活が実現するようになって、はじめて余暇の過ごし方が見なおされるようになります。そこに「余暇」は人生にとって重要な時間だという意識が芽生えるかどうか。そういう時間の過ごし方として、自らを高めるための学習に費やすことが意識されるかどうか。また、寿命が延び、会社勤めなどの仕事から解放された高齢者たちが、残りの人生をもういちどとらえなおすため、学習に時間を費やすようにもなります。今や「余暇」は与えられるものではなく、学習しようとする人は時間を自分で積極的に作り出し、時間を生み出す工夫を凝らす必要があります。ここにミュージアムのひとつの存在意義を見出すことができるでしょう。

興味深いのは、余暇の過ごし方をサポートする仕事も登場してきたことです。スポーツや趣味のエキスパートがインストラクターやアドバイザーとして生計を立てている例がいくつも思い浮かべられます。もうこれらのことは日本では当然のように思えることですが、まだまったく夢のような状況にある国々が世界には多いことも事実でしょう。

⑦生活様式と人間関係における危機

ここでは「世代間の断絶」の問題が取り上げられています。従来は、伝統的な生活様式を学んでいれば、困難に出会ったときに「先祖の遺産」の中から解決策を探し出せばよかった。ある特定の限られた範囲の解決策の中から、単に選択すればよかったわけです。儀式や風習や習慣は、ときには重荷であり苦痛な義務を強いることもあったけれども、むしろ自分の安住する位置を満たすことができました。ところが、生活様式それ自体が動揺してきて、「伝統的なタイプ」の人間は「新しい個人的、社会的状況」に適合できなくなります。人間性も多様化し、たとえば親は自分の成長を支配してきたある種のパターンを子どもに強要しても、誤りをおかす危険が大きいのです。高圧的に特定の価値を押し付けることで、子どもは心を閉ざしてしまう。これはひとりの人間にとってもいえることで、これまでに築かれてきた理想的な人間像と自分自身を同一化することが非常に困難になって、どうしたら真の自己を発見することができるかという難題を抱えています。ここに教育が取り上げるべき課題があるのだとラングランはいっています。

⑧肉体

ラングランが示した「現代人の挑戦」という九つの項目の中で、この「肉体」の項目が私には最も難解な文章に思えました。以下（）内に私の注記を加えて読み進めます。

「過去の西洋世界における主要な文明（たとえばギリシャ・ローマ文明）は、人間の中に（肉体と精神の）自然的調和を見出していた。しかし、時代が進むにつれて、この調和は多くの社会で破壊されていった。肉体と魂（精神）との間に亀裂が生じた。（人間としての）存在の一体性はこわされ、肉体の価値を犠牲にして、魂の価値が拡大してきた。やがて（たとえば中世のキリスト教社会では）人間はタブーや（宗教や社会的倫理による）禁止事項のきつい網の中に閉じ込められて、それに押しつぶされてしまった。多くの国で（とくに西欧諸国において）人間の文化は、生物学（生物としてのあり方）や、肉体的表現や、性との正常な関係を失ってしまった。このような状況を考えると、肉体が最後には謀反を起こすだろうということは驚くに足らない。（宗教や社会的規範によって抑圧されていた）「肉体」が、その障害がすこしずつゆるんできたのを機に、いっきに反撃にでるだろう」

以下、限定的になることを承知で「肉体」を「性」に、「魂」を「精神」として読み替えると分かりやすくなると思われます。

（この肉体が）「われわれの毎日の生活の中に殴り込みをかけてきたのである。とくにそれが豊かな利潤を生むということで巧妙な商業取引に利用されてきている。コマーシャルは明けても暮れても肉体の存在を表現することに没頭している。いまや性は、われわれ現代人の精神的、肉体的世界において不相応な場所を占めようとしている」（つまり過大に扱われすぎているということでしょう）。「この現実は、現代の人間や社会や文明に対するひとつの（大きな）挑戦だろう。そうぞうしい性急な現実が侵入してきている」。しかし、「この現実はわれわれにとって、好機でもあり、また他方脅威でもある」。「それは人間の存在を豊かにし、肉体と精神のギャップを埋める好機でもある」が「人間の均衡ある存在にとって悲しむべき脅威にもなる」。それは、「よく訓練されていないところに持ち込まれるからだ」。「有害な効果を減らし、人間存在の実相とよく一致した、より調和のとれた豊かな人生を過ごすのを助けるものをこの現象の中から抽出することが肝要である」

「肉体」の問題は、今日でも私たち一人ひとりに突きつけられています。自分自身の「肉体と魂」のバランスに関係なく、肥大した性の情報が私たちにこれでもかこれでもかと押し寄せてきて、自分とのギャップを思い知らされます。自分にとっての肉体と魂のバランスをどうとらえるか、誰も教えてくれません。一人ひとりが自分自身で解決しなくてはならないのです。おそらくラングランがこれを提唱した時代以上に問題はエスカレートしているのが現代でしょう。ここでも生涯教育、生涯学習の有効な役割が求められています。

⑨イデオロギーの危機

最後に示されたのが「イデオロギーの危機」という傾向です。今日私たちに押し寄せてくる「挑戦」の中でも、ラングランが根本的な危機ととらえたのが、「政治思想」領域の課題でした。イデオロギー、つまり政治思想や芸術、哲学などの社会的な諸意識、観念体系が、人々の日常生活を根本から強く支えていた時代が長く続いていました。

「ひとつの政治思想に支えられて展開した国家体制は、それぞれの価値の綱領と尺度をもっていたので、政党や教会は、なんら躊躇することなく教義や規則や命令を発することができたし、その中で生活する人々はこれにどっぷりつかって安穏に生きていくことができた」という社会です。今日では、この種のイデオロギーのひとつに忠誠を見出し、その確信を生涯にわたって固守することは困難になったということです。

ベルリンの「壁の崩壊」が象徴するように、イデオロギーが瓦解することを目の当たりにし、多様な価値や解釈が許されるようになると、もはやひとつの教義や信念を固持せず、建設的に懐疑することが望ましいかたちで、一人ひとりが、自分自身の責任において教義や信念の追求に参加せざるをえなくなります。それは自由ではあっても、決して気楽な状況ではありません。「この自律と自由は実は代価を支払う意志のある人だけが獲得することができる。その代価とは教育（学習）である」というのがラングランの主張です。現代人には「創造的な作品を制作するのと同じように情熱と持続力と根気強さが求められる。それは自ら獲得しなければならないことで、代理人によってはなりたたない」と。

ラングランの先見性

以上九項目にわたって述べられたことは、いずれも、現代人に「社会や時代が殴り込みをかけてくる」強烈なカウンターパンチであり、私たちは対処方法を誤ると大きな打撃を受けるに違いないと、「人間存在への危機意識」として認識させてくれました。しかし、ラングランもいうようにこれらは「危機」であると同時に変革への「好機」とも考えられます。これをチャンスとして生かすも殺すも「学習」にかかっている。つまり、生涯にわたる一人ひとりの学習（生涯学習）が人生を豊かにし、幸せな世界を実現する唯一の方策だということが示されるのです。

一九六五年の段階でこのようなことが述べられているにもかかわらず、四〇年以上経た今日、これらの課題がすっかり解決され、古い話題となったかというと、むしろ、さらに今日的課題として多くの重要な問題を含んで拡大していると見るべきでしょう。ここにラングランの指摘の先見性を見ることができます。

教育のあり方に関していえば、発想の転換を迫ったことで、旧来の問題点を洗い出すチャンスをつくりました。そしてひろく世界に共通する課題を提示したことが重要です。

このためには、教育の改革が重要であり、各国は教育に関わる旧来の考え方や制度の変革を図る必要があるというのがラングランの主張です。ラングランは解決策についてもさまざまな提案をしていますが、ここでは問題提起の部分を主に取り上げました。

ユネスコは「世界政府」ではなく、その提言は参加国の独自の受け止め方に任されていて、拘束力がないため浸透するのに時間がかかります。

ユネスコからは、その後、一九七二（昭和四十七）年にフォール報告といわれる報告書（邦訳『未来の学習』教育開発国際委員会編、第一法規出版、一九七五年）が発表され、また、一九七六年には「成人教育の発展に関する勧告」が採択されて生涯学習という概念や、自己決定学習（Self-Directed Learning）の考えが加わるなどさまざまな展開がありましたが、世界各国の教育の改革に大きな影響を与えたのは、やはりラングランの提言だったといえるでしょう。

3　日本における生涯学習の展開

ラングランを議長にユネスコの成人教育推進国際委員会がまとめた「生涯教育」の提案は、世界を震撼させるだけの影響力を持ちました。学校教育を展開することに、いまだ多くの問題をかかえている国々に対する影響もさることながら、日本のように、小中学校の義務教育を中心にした教育制度が熟成している国にとって、むしろ従来の基本的な考え方を根底からひっくり返す力をもった提言でした。それでは日本はどのようにこれを受けとめたのでしょうか。その対応はゆったりしたもので、六年後の一九七一（昭和四十六）年にようやく「社会教育審議会」（社教審）が答申「急激な社会構造の変化に対処する社会教育のあり方について」、「中央教育審議会」（中教審）が答申「今後における学校教育の総合的な拡充整備のための基本的施策について」を発表しています。

ここで、「社会教育」と「学校教育」のいずれにも「生涯教育」の考え方を取り入れるべきであることが提言されたのです。そして、「家庭教育」「学校教育」「社会教育」の三者が有機的に結合する重要性が提言されています。

そしてさらに一〇年後の一九八一年に中教審は「生涯教育について」答申し、「今日、変化の激しい社会にあって、人々は、自己の充実・啓発や生活の向上のため、適切かつ豊かな学習の機会を求めている。これらの学習は、各人が自発的意思に基づいて行うことを基本とするものであり、必要に応じ、自己に適した手段・方法は、これを自ら選んで、生涯を通じて行うものである。この意味では、これを生涯学習と呼ぶのがふさわしい。この生涯学習のために、自ら学習する意欲と能力を養い、社会のさまざまな教育機能を相互の関連性を考慮しつつ総合的に整備・充実しようとするのが生涯教育の考え方である。言い換えれば、生涯教育とは、国民の一人ひとりが充実した人生を送ることを目指して、生涯にわたって行う学習を助けるために、教育制度全体がその上に打ち立てられるべき、基本的な理念である。端的にいうならば、生涯学習は国民一人ひとりの主体的な学習行為であり、生涯教育はそれを保障する施策の理念だというわけである」

また、「広く社会全体が生涯教育の考え方に立って、人々の生涯を通ずる自己向上の努力を尊び、それを正当に評価する、いわゆる学習社会の方向を目指すことが望まれる」として、ここで初めて「学習社会」という捉え方が打ち出されたことが注目されます。

その後、一九八四（昭和五十九）年に臨時教育審議会（臨教審）が設けられ、最終答申で「生涯学習体制の整備」が掲げられて、そして国に大きな動きが出たのは一九八八年。これまでの社会教育局にかわり生涯学習局が新設され、文部省筆頭局となりました。それまで初等中等局、すなわち小学校や中学校の義務教育を担当する部局が日本の教育の中心的な役割を担っていたのですが、ようやく生涯学習の理念によって教育制度が再編されることになりました。そしてユネスコの提案から二五年後の一九九〇（平成二）年に、ついに「生涯学習の振興のための施策の推進体制等の整備に関する法律」、いわゆる「生涯学習振興法」が公布されて、日本でも政府が正式に「生涯学習」を標榜する施策を打ち出せるようになりました。法律ができるということは、政府（ひいては国民）がこの施策を実行するための根拠を獲得し、予算を立てることができるということです。

「いつでも、誰でも、どこでも」学べる社会の構築がめざされ、各地の自治体もこれに応じてさまざまな施策を打ち出しました。「生涯学習宣言都市」が旗揚げしたり、「生涯学習センター」が建設されたり、これまでの地域活動が根拠を得て、活性化されていきました。

従来から存在する生涯学習の施設としては、図書館・博物館・公民館などがあります。これらは、従来の教育制度の中ではいわば片隅に位置づけられていたものでしたが、生涯学習社会の実現のための施設として一躍重要な位置づけを得られるようになったといってよいでしょう。しかし、それぞれの自治体におけるこれらの施設の位置づけは必ずしも理想的な方向に進んでいるとはいえません。私たちとしては、誰もが、いつでも学べる生涯学習の拠点としてこのような制度や施設を使いこなすとともに、市民として支えていくことが求められると思います。

4　生涯学習における個人性の原理──ミュージアムと学芸員の役割

個人性の原理

生涯学習の理念は「個人性の原理」を基本に据えて考えられています。そもそも生涯学習は「個人の自発的な意志に始まるもの」だという原則をまず忘れてはなりません。生涯学習社会を確立しようという意気込みをもってしても、それぞれの個人が行おうとする学習に対して、外から「こうしなさい」と押し付けることは、生涯学習の本来的な目的からして意味のないことはいうまでもありません。自ら学習を進めている人にとっては、余計なお世話、いわば「おせっかい」以外の何ものでもないということです。

つまり、ここで確認するのは「生涯学習の原理」といっても、生涯学習をする個人が学ぶことの基本原理をたどるのではなくて、生涯学習という考え方の基本、生涯学習を進めるための前提が何であるかを考えることです。

個人個人は関心のおもむくままに、さまざまなテーマを選び、さまざまな学習方法からそれぞれにふさわしい方法を選べばいいわけです。従って、いわゆる「教育」にたずさわる者にとっては、学習者の自発的な行動をどれだけ助けることができるかという視点が重要です。

つねに学ぼうとする人のモチベーションを基本にして、それに寄り添って援助するという姿勢を守るということです。教員の立場なども、このことがなかなか難しいのです。つい本人の意志にかかわらず教え込もうと意気込んでしまいがちです。「援助者」の立場から用意できることは、さまざまな学習方法のメニューや豊富な資料を用意し、できる限り、それらの方法をひろく体得して紹介すること、豊富な資料の存在を熟知していることが求められるでしょう。しかし、そんな万能な指導者がありえるでしょうか。この項の終わりでは、そのような意味での博物館の学芸員の役割を思い浮かべてみましょう。

独学と自学（自己学習）

生涯学習は「個人性の原理」に基本を置き、自発的な意志から出発するものであることと、その方法もそれぞれが適切なものを選んでなされるべきだということも述べました。

それは、一人ひとりが、独自に展開するものであるという意味で昔からいう「独学」に似ていますが、学校教育や学習塾などのように集団で行われる学習の場においても、その基本は「自己学習」（自学）なのです。その意味で、生涯学習を「新しい独学」であると述べる教育学者もありますが、従来の「独学」という言葉には、教育の場や機会にめぐまれない境遇にある人が、独力で苦労しつつ学んだ時代のイメージが重なっています。仕事の時間を盗み、睡眠時間を削って学んだことがその人の立身出世の礎となったというような話が、「独学」を強調するサクセスストーリーにはつきものです。しかし、誰もが基礎教育を義務づけられ、さまざまな教材が自由に手に入り、あらゆる地域に図書館や博物館などの学習施設が充実し、さらには居ながらにして世界の情報にアクセスできるようになった今日においては、そのような機会や条件を利用せずに、課題も素材もはじめから独りで手に入れて、独りで解決方法も確立して学ぶという「孤立した学習」は、ほとんど現実的ではありません。たとえば、テレビやラジオなどの講座をテキストで学んだり、適切な入門書を独りで読んで学んだりすることも「独学」と呼ぶことができるかもしれませんが、このような学習はいずれも「自学」あるいは「自己学習」と呼ぶ方が適切でしょう。学校のように直接指導者に手ほどきを受けなくても、このような方法で特定の目標を達成することがかなりの程度実現できます。

自学の長所は、「いつでも・どこでも・誰でも」できることです。誰もが、いつでも始められ、どこでも学べる自由で気楽な学習だといえます。誰もが始められるということは、職業や資格にとらわれずに、誰もが自らの意志で始められるということで、入学試験もなく年齢制限もないので、中高年の者でもよいし、たとえ小中学生でも望むならば大学生が読むような本を読むことも許されます。また、どこでも学ぶ環境にすることができます。家でソファーに寝転んだままでも、電車の中でCDを聴いてという学習方法もあり、また何を学んでもかまいません。多少あやしいことでも誰にもとがめられずに調べたり知ることができます。

一方、そのような自由さの反面、自学ゆえの短所が多くあります。誰でもできるというけれども、自分に適した学習方法を自分で把握するのがまず難しいのです。いい方法があってもなかなか気づくまでに時間がかかります。自分にあった適切なテキストや方法に出会うまで、いろいろトライする必要があります。

いつでも始められるということは、いつでも止められる。つまり三日坊主になりがちなのです。したがって、持続がむずかしい。壁にぶつかると道を知っている人ならば簡単に越えられるようなことでも、そこで足踏みし、挫折してしまいます。それに方法が分からないということは、遠回りになりがちになり、なかなか目的地に到達できません。自由きままというが、実はいわゆる「自己流」に陥り、独りよがりになりがちです。つまり独断と孤独に陥りやすい。という具合で、誰にでも独りで推進し、持続できるものではありません。

しかし、現代の「自己学習・自学」では、あらゆる分野のすぐれた入門書が出回っていて、学習方法のさまざまなメソッドが研究しつくされ提供されていることが多くなりました。必ずしも学校に通わなくても、対面して教授を受けなくても、視聴覚機材や素材があふれて、よいものが多く見られます。たとえば、私の青年時代にはせいぜい小さな「単語集」をめくるのが基本だったような語学教材に、今はネイティブが語るCD付きのものが安く売られており、試聴してみると実によくできていることに驚かされます。

結局、自分にあったよいテキストに出会うまで、試行錯誤する以外にないと思われますが、身近なところに関心を同じくする先輩や仲間を見つけてアドバイスを受けることが自学にとってはきわめて有効です。今では、インターネット上に仲間を見出すことも可能でしょう。ともに教わり、教えあう関係で成り立っている魅力的なウェブサイトがあります。ひとつだけ紹介すると、「このきなんのき」という樹木鑑定を行うページがあります。初心者からのデジカメ映像を使った質問投稿に、仲間が答えを出し合い、最後に主催者の林将之さんが、レフリー的な回答を出すのですが、自身の答えにも正解率のパーセンテージを示し、皆で学んでいくという立場をとっているのが好感がもてて、すばらしい学習組織が形成されています。このホームページから生まれた図鑑も出版されています。

タッチタイピングを覚える

ここで、私のささやかな自己体験を紹介します。

コンピュータのキーボードを、手元を見ないで正確に打つ技、つまりタッチタイピングという技法を、私はいわば「自学」で獲得しました。わが国で日本語ワードプロセッサー（ワープロ）が生まれたと聞いたときには、これで文章を書く作業に革命的な変化がおきると興奮したものです。一台まだ一〇〇〇万円を超えるその機械が年ごとにおよそ半額になるのをみて、自家用車の値段になったらぜひ購入したいと考えました。一九八二（昭和五十七）年に、私はその大型機種に初めてさわるチャンスを得ました。

個人でショールームを訪れる客は珍しかったらしく、とても丁重に扱われ、説明を受けたあと、分厚いマニュアルをもらって帰りました。次にまた訪ねる機会には、あのキーボードを打てるようになっていたいと、マニュアルの最終頁に折畳まれていたキーボードの図をダンボール紙に貼って練習を重ねました。しかし、キーの配置は暗記できても、指を正確にそのキーに運ぶことができないのです。そこで、ふと思いついて書店でまだ売っていた「タイプライター教則本」を立ち読みしたところ、そこに「ホームポジション」という考え方が示されていて目からうろこが落ちる思いをしました。すなわち特定の指の位置を固定し、そこからの距離感でキーの位置を指に覚え込ませるというのです。それまでいろいろ工夫してもできなかったことが一気に解決しました。長年培われてきた技術の蓄積がある世界では、自己流で苦労せずに、先人に学ぶべきだということをつくづく味わった瞬間でした。そして一年後の一九八三年には、当時はまだ一〇〇万円以上したワープロ専用機を購入したのです。フロッピーディスク一枚にＡ４文書がわずか数十頁しか保存できないものでしたが、通信機能や検索や分類機能、素朴な画像処理機能もあるすぐれものでした。私の住んでいた静岡県内で個人購入の第一号だといわれ、新聞社の支局長が取材に来たときに私は自慢気にキーを叩いて見せたものでした。

学芸員の生涯学習力

さて博物館では、学芸員が生涯学習の援助者そのものの役目を果たすことになります。そのためにも学芸員は、生涯学習の達人になることが求められるということです。

学芸員の使命のひとつは、さまざまなテーマについて、学芸員自らの学習成果により実物資料の収集と新たなアイデアを提示しつつ、観覧する者の好奇心を刺激して、学習のヒントを提供し続ける仕事ではないでしょうか。

学芸員になろうとする者には、従来は何よりも専門的な分野の素養の蓄積が求められたように思えます。美術史であれば、ある時代のある作家について、とりわけ詳しく、人一倍に多くの作品に触れ、独自の見識を磨いているかとか……。もちろん、そのような蓄積を若いころにすでに実現している「研究者」がいれば、学芸員としても力を発揮して、すばらしい展覧会を企画し、実現することができるかもしれません。しかし、右記のような「生涯学習」の場としての「博物館」で、来館する人たちの学習を継続的に援助する役目を果たせるような学芸員とは、どのような力量を求められるのでしょうか。私は、自らが幅広い課題に果敢に挑戦し続け、学び続ける学芸員の姿を思い浮かべます。学芸員にとって自らが「生涯学習」を実践することが、この援助者としての素養や資質につながることにほかならないと考えます。ひとつのテーマに精通して、独自の専門知識を持つだけでなく、幅広い教養が求められること、そして学ぶことへの基本的理解を持ち、その実践者であることは当然ですが、学ぼうとする人たちのための援助者の立場にあるという認識が求められることを強調しておく必要があるでしょう。

また、博物館を訪ねるさまざまな関心と蓄積を持った学習者に、それぞれ適切な情報を提供し、学習方法のヒントをアドバイスできるかどうかが求められます。どれだけ幅広い学習法を体得し熟知したプロフェッショナルになれるかで、その対応力は違ってくるでしょう。しかし、あらゆる分野に熟達することはできない相談ですから、ひとりの学芸員は何らかの特定テーマに深い造詣を持ち、そのテーマを学んだ方法を基礎にひろく世界を展望する方向性を持つことと、その博物館に求められるテーマに柔軟に対応し続ける学習力を身につけなくてはなりません。

たとえば年に一度とか数回とか繰り返される企画展示では、予備知識がほとんどゼロの状態から新しいテーマを搾り出して、資料収集にあたり、わずかな期間でもその道の専門家も満足させられるような展覧会に仕上げる力量が求められます。数多くの企画をこなしているミュージアムでは、学芸員の驚異的な学習力をしばしば見せつけられます。結局は、多角的な好奇心を持ち、応用力を持つ専門家というのが学芸員のめざす生涯学習力ということになるでしょうか。博物館はそのような力を鍛える場でもあるのかもしれません。

これまでに、皆さんはそのような意味で学芸員という仕事の役割をとらえたことがありましたか。公民館や図書館など、さまざまな生涯学習の施設では、多様な学習方法と豊富な資料を用意していますが、なかでも博物館が得意とする分野があると思います。それは具体的な実物資料の集積と紹介という分野です。その意味で博物館は、多角的な情報が提供されうるすぐれた学習の場だといえるでしょう。博物館を最高の学習の場として生かせる立場にあるのが学芸員なのだということを自覚することが必要でしょう。

5　ミュージアム・ラーニング——博物館学習の特色

博物館でブラウジング

たまたまスイッチを入れたとき、あるいはチャンネルを替えたときに出会ったテレビ番組に感動的な場面を見たり、重要な情報が提示されているのに出会うことがあるように、ふと立ち寄った「博物館」で、それからの人生を変えてしまうような展示に遭遇することがありえます。それが「博物館」で学ぶということの醍醐味のひとつでしょう。

私の場合、博物館でのこの種の出会いの数々が、その後の生き方や研究の出発点であったり、転換点になっている場合が多くあります。たとえば、中学二年生のときに山梨県の河口湖畔の「富士博物館」という小さな民間の民俗資料館で見た「天野コレクション」との出会いがありました。このときは夏の林間学校で、宿から散歩に出たところ、近所にこの博物館があるのに気づきました。河童の木像などおもしろそうなものが入り口にありましたが、「十八歳未満は保護者同伴の場合だけ見学可」という看板に特に魅力を感じ、宿に戻ってから担任にぜひとも見たいと懇願して同級生数名と連れていってもらうことに成功しました。予想どおり、かなり怪しい資料群に度肝を抜かれました。まさに「性信仰」の大コレクションだったのです。私立中学の自由さも幸いしたのでしょうが、担任が民俗学者だったのが何より幸せでした。他の先生だったら躊躇しただろうと思います。ここでは日本人が「たいへんな造形物」をまじめに作り続けてきたことを知り、「道祖神」や「疱《ほう》瘡《そう》神」という民俗神の存在を知ったことも、のちに「民俗学」を学び始める出発点のひとつになりました。さらに、大学三年の夏休みに東北地方を歩いたときも、青森県三沢の「小川原湖民俗資料館」という博物館で見た「巨大なワラ人形」との出会いが、すこしおおげさかもしれませんが、運命的なものになりました。展示室の天井に頭がつかえるほど背の高い男女一対の人形が、ひょうきんな顔で私を迎えてくれたのです。村境に立って、悪い病気や災難から村人を守ってくれる人形神だと知りました。

その後二〇年にわたって、この種の人形の神々を追い続けることになり、学位論文（拙著『人形道祖神――境界神の原像』白水社、一九九六年）にもなりました。そして、この博物館では当時学芸員だったT先生との幸運な出会いがあったことを思い出します。

図書館の世界では「ブラウジング」ということを大切にしています。目的の本を探すのに昔は図書カードで検索したり、今ではコンピュータで検索することができ、とても便利になっていますが、ターゲットとなる本のタイトルや著者などのキーワードがある程度絞られていないと、いくらすばらしい本でも、その本に出会うことは今でも難しいことにかわりありません。そこで、必ずしも特定の本を探すわけではなく、開架書棚に目をやりながら、書架の間をぶらぶら歩いて、気になる本があるときに手にとることで、ときに思いがけない本に出会うことができることを大切にします。書名や分野からの検索だけでは見出せない、相性のいい本との幸せな出会い、その出会いをうながす利用方法を図書館の世界では「ブラウジング」というのと同じように、インターネットの世界では「ブラウザー」が検索機能を担っていますね。

博物館での幸せな出会い

こうした偶然の幸せな出会いは、「セレンディピティ」（serendipity）という言葉で表現されます。ノーベル賞を受けるような世界的な発明、発見のきっかけも、このような偶然の出会いがもとになっていることがしばしばあることが紹介されています。そして、最もたいせつな出会いは、おそらく人との出会いでしょう。

博物館というところは、特別な目的はなくても、たまたま開催中の企画展を覗いてみるとか、常設展示の資料や所蔵資料を順番に見ていくときに、それまであまり関心を持たなかった新たな分野で、心をとらえるモノゴトの存在を知り、問題意識が生まれるという、すばらしい知的な出会いの可能性が高い場所だといえます。

本で読んだ知識は、よほど面白かったと思えても忘れやすいものです。せっかく気づいたこと、気になった個所も、読み終えると同時にどこに書いてあったか、あるいは気づいたこと自体を忘れてしまうことが多いので、罫線をひいたり、付箋をつけたり、メモやカードをつくることが提唱され、いろいろな技法が紹介されています。博覧強記の博物学者として知られる南方熊楠《みなかたくまぐす》などが、少年時代から膨大な書写、抜き書きをして記憶していったことは別に紹介します（一二六ページ以下参照）。

本の場合と比べて、実際に現場で出会ったモノゴトが記憶に残りやすいのは、「実物」や「現場」が持つ情報が多面的で、それが同時に発散されていて、一気に私たちに訴えかけてくるからではないかと思います。ほんのひとときの出会いであっても、博物館で出会ったモノや作品が、いつまでも記憶に残ることがあります。一方で、せっかく実際に見て気になったモノや作品も、そのモノ自体はよく覚えていても、私などは、どこでいつ見たかを忘れてしまいがちです。とくに博物館を何館も続けて見ることになる海外旅行の場合などは問題です。

やはり、気づいたモノゴトについては、ぜひともメモをとっておく必要がありそうです。ミュージアム・ノートといった自らにとっての発見記録を作るとよいと思います。たくさん見ていると、せっかく気づいたこと、心に留まったことも、忘れてしまいます。気づいたモノゴトについて、メモと同時に簡単なスケッチを書くのもよい方法でしょう。その程度の観察時間をとって、注目点を書き加えておきます。こうして長年、博物館通いを続けていると、実際に旅先で見たもの、本で読んだものが、次第に関連をもってひとつの流れのなかで把握できるようになってきます。自分にとって興味深く思うモノゴトが、ひとつの体系のなかで理解できてくることがあります。はじめは単なる好奇心から出発してよいわけですが、場合によっては、書物の世界ではいまだ紹介されていない、つまり、世の中にはあまり知られていないことがらを広い目でとらえることができる可能性が高くなります。もし、調べてもよく分からない、簡単に答えが見つからないような疑問や、全貌が分からないテーマに出会ったら、そのときこそチャンスだと思いましょう。やがて大きな発見につながる、それこそ幸せな出会いだと思うべきでしょう。

まず入ってみること

どのような出会いが待っているか分からないのですから、関心の分野にはあまりこだわらずに、どこかで博物館・美術館の近くに行く機会があったら、時間が許す限り、ともかく入ってみることをお勧めします。入場料は自分への投資ですから、たとえ不十分な展示・資料であったとしても、何かをつかんで帰ってくるぐらいのつもりで見ましょう。これが博物館利用の第一歩。よく考えてつくられた、よく工夫が凝らされたミュージアムであれば、たとえ自分の関心があまりない分野であろうとも、新しい知見に出会える可能性が高いものです。幸せな出会いが待っているかもしれません。ちなみに、こんなことがありました。私が勤務した小さな博物館で、一階を見終えた観覧者が二階には「何があるか」「一階と同じようなものか」と聞いてくることがありました。とくに団体客に多いのですが、そんな時、私は「そうです」と答えました。するとたいてい上がらずに帰ってしまいます。関心の幅には個人差がありますが、もう一歩前へ進む労を惜しむようでは、絶対に発見の楽しみを味わうことはできません。人生を変えてしまうような出会いがあるかもしれないのに。まあ、私の表現はおおげさですが、その人は自らチャンスを閉ざす日常を送っているのだろうと思えます。

実物学習の利点

実物を見て学ぶことが効果的であることには誰も異論がないでしょうが、普通は容易ではありません。動植物ならば採集すればいいのですが、いつでも蝶や蟬が近くにいるわけではありませんし、植物も花を見る季節が限られています。また、縄文時代のことが知りたくても、その時代にタイムスリップすることはできません。しかし、博物館に保存され、しかも常設展示されていれば、必要なときに実物を見にいくことができるのです。

必要なとき、知りたいときに訪ねるのが一番効果的です。ウェブはその点、即座に情報を紹介してくれますが実物ではありません。実物を見ることのすばらしさは、モノが持つ多面性をそのまま受け取ることができるからです。総合的印象が得られます。スケール・重さ・匂いなどなど。また、文字による説明がない情報も観察から多く取りこめます。

そして博物館では、的確なサンプル学習ができることが重要です。自然の中、たとえば森の中で木や鳥などについて学ぼうとしても、多量でかつ偏った情報に翻弄されがちです。しかし博物館では、適切に抽出され整理された情報、しかも実物サンプルに、適当な文字情報がセットで保存されていることから、簡便に学べます。一般には難解と思われる分野についても、博物館には学芸員によるセレクションによって、魅力的な実物資料や作品が集められています。それらが力を発揮できるように配置して紹介する工夫が凝らされています。私たちは強く意識せずに発見の感動にいざなわれます。

また逆に、フィールドで得た資料を、博物館標本と比較検討しなおすという学習方法もありえます。これを「同定」(identification)の作業といいます。IDというのがそれですね。実際に自分が見たり採集できた資料が何であるか、その手がかりが博物館に用意されています。青森県の県立博物館(郷土館)が毎年恒例のキノコ鑑定会をやるとビニール袋にあやしいキノコをぎっしり詰めて大勢の「学習者」が集まるそうです。近くの畑で拾った土器片を考古資料館で時代判定をしたりできます。東京の出光美術館には全国の窯場《かまば》から収集した陶磁器片の膨大なコレクションがあり、陶磁器の同定に重要な役割を果たしています。

ひとつの博物館だけで果たせない学習が複数館を系統的に結びつけて利用することで実現することがあります。たとえば、千葉県には一〇館に及ぶ県立博物館関連施設がありますが、これを利用して千葉県の県立高校の歴史担当の先生方が行った試みが、『博物館に学ぶちばの歴史』(山川出版社、二〇〇二年)としてまとめられています。

博物館学習の限界

博物館では「実物学習」をすることが第一の魅力だと述べましたが、モノと情報は必ずしも一対一の関係にありません。つまり、齟齬《そご》がおきることがまれにあります。モノからの学習は印象が強く残るだけに、ほんとうのことを伝える責任が博物館にあります。しかし、多くの博物館を見て、まれに気づくことは、その情報に誤りがありうるということです。博物館資料だからといって、鵜呑《うの》みにせず一応疑ってみることが肝心です。ほんとうにモノからそのモノが発している時代や個性を感じられるかどうか。意図的にテーマを強調する展示の効果があります。しかし、ほんとうにその趣旨で見てよいか。モノを中心にした展示は、多くの情報を提供してくれると同時に、展示ではモノ情報のために、論理が拡散する傾向があります。ですから、理屈、理論を説明する展示は限界があるのです。見学者は資料から勝手にいろいろな情報を読み取り、感じ取り、観察して勝手な想像をめぐらします。ですから展示担当者の意図とは違う事実を見出すこともあります。それがむしろ展示のよいところです。また、展示資料はあくまで全体の一部であることを認識しましょう。そして、そこで関心を持ったことを出発点にして、博物館の扉を開けて外のフィールドに出ましょう。現場を訪ねて生の声を聞きましょう。モノゴトが生きている現場での見聞が何より重要です。それは博物館の存在を否定することではありません。博物館でのガイダンスが大いに役に立つはずです。現場で得られた独自の情報を博物館に持ち帰ってこれまでの蓄積と比較検討する場として役立てればよいと思います。

Ⅱ　ミュージアムでの学び

杉浦幸子／紫牟田伸子

1　美術館における生涯学習――ギャラリー・リテラシーを育む

杉浦幸子

(1)　学びと美術館

①はじめに――博物館の定義

生涯学習と美術館の関係を考えるために、まず美術館を含む博物館がどういった機関であり、どのような特徴を持っているかを確認しましょう。

国際的なレベルで博物館や博物館で働く専門職の振興と発展につとめるために設立されたInternational Council of Museums, ICOM（国際博物館会議）は、次頁のように博物館を定義しています。

これを日本語に訳してみましょう。キーワードは、non-profit making＝利潤を生まない・非営利の、permanent＝永続性のある、open to the public＝一般の人々に開かれた、institution＝機関、material evidence＝モノ、for purposes of study, education and enjoyment＝研究、学習支援、そして楽しさ・喜びのために、acquire＝収集する、conserve＝保存する、research＝研究する、communicate and exhibit＝伝達し、展示する。これらをまとめると、博物館の定義はこのようになります。

「博物館とは、研究、学習支援、そして楽しさのために、人と人を取り巻く環境が生み出したモノを、収

A museum is a non-profit making, permanent institution in the service of society and of its development, and open to the public, which acquires, conserves, researches, communicates and exhibits, for purposes of study, education and enjoyment, material evidence of people and their environment.

(ICOM Statutes, Article 2 - Definitions)

集、保存、研究、伝達、展示する機関で、社会とその発展に寄与し、一般の人々に公開される非営利かつ永続性のある機関である」

この定義から、博物館はモノに関係する機関であること、また博物館の目的の一つが学習支援であることがわかります。

博物館は対象とするモノの種類によって分類されます。『美術館とは何か――ミュージアム&ミュゼオロジー』は、「自然史博物館、科学博物館、動物園、コスチューム、機械、化石、骸骨、植物、農具、昆虫、飛行機、織物、陶器、貝殻や機械作業あるいは手仕事までをも展示する施設」と、モノの数だけ存在する博物館の幅広さを伝えています。その中で、「美術資料」というモノを収集、保存、研究、伝達、展示する博物館が「美術館」と呼ばれます。「美術資料」には、絵画（日本画、洋画、アクリル画、テンペラ画など）、デッサン、版画（銅版画、石版画など）、写真、デザイン（グラフィック、プロダクト、ファッションなど）、彫刻・塑像、工芸作品（ガラス器、漆器、陶磁器、刀剣、装身具など）、メディアアート（ビデオ、コンピューターなど）、インスタレーション、映画、パフォーマンスなどが含まれ、またそれらを作る制作プロセスまでも含まれる場合があります。

②学びのプロセスと特徴からみた生涯学習

美術資料というモノを収集、保存、研究、伝達、展示する美術館における学びを考える前に、学びはどのようなときに、どのようなプロセスを経て起こるのか、そしてそこから生涯学習とは何かについて考えてみたいと思います。

人が学んだ、何かがわかったと感じるのはどういうときでしょうか。脳科学の立場から人の認識について研究している山鳥《やまどり》重《あつし》氏は、人は「視覚」「聴覚」「嗅覚」「味覚」「体性感覚」といった五感から得たさまざまな刺激、つまり情報から形づくられる「心像」を結び合わせることで何かが「わかる」ようになる、と述べています（『「わかる」ということはどういうことか』）。私たちは日々、五感を通してさまざまな情報を受け取り、そこから生まれた心像を自分の記憶に照らし、保存します。こうした五感を通した絶え間ない情報の受信と心像の記憶の繰り返しを通して、人は学ぶと考えられます。

学びのきっかけとなる情報は、私たちを取り巻くさまざまなモノ、人、空間から絶え間なく発信されています。私たちはこうした情報の一部を意識的に受け取っていますが、実際には無意識に受信している情報もたくさんあります。また私たちが受ける情報は心地よいものだけではありません。痛い、汚い、臭いといった感覚的な情報から、つらい、悲しいといった心理的な情報まで、ある意味不快な情報からも学びは起こります。また情報を受け取る五感が十全に機能していなくても学びは起こります。例えば視覚に障害がある場合は、視覚的な情報は受け取ることはできませんが、それ以外の感覚器官から情報を受け、学ぶことができます。

こうした学びのプロセスと特徴を頭に置いて、「生涯学習」という概念を考えてみましょう。人はいつから学び始めるかという問いに対し、「学校に行き始めて」「三歳くらい」という答えをよく耳にします。学ぶ場所

＝学校というイメージから前者の答えが、また自意識を持って行動する時期から学びが始まるというイメージから後者の答えが出てくるようです。しかし、五感に情報を受けることから学びが行われると考えると、新しい視点から人が学び始める時期を考えることができます。

生命が誕生する瞬間、つまり精子と卵子が受精した後、九〜四〇週目の胎児期に人は視覚、聴覚といった感覚を身につけ、子宮の外からの刺激に対して応答し始めます。また生まれた後、人が安定した視力を得るのは三歳頃ですが、生まれて以降はっきり見ることができなくても光や動きを感じたり、視覚以外の感覚から多くの情報を受けています。おなかの中にいるとき、また産まれてすぐの赤ちゃんに学んでいるという意識はないと思いますが、気付かないうちに日々情報を受け、学んでいるのです。これと同じように考えると、学びが終わるのは情報を受信できなくなったとき、つまり感覚器官がその機能を停止する瞬間、死ぬときとなります。五感に情報を受けることから学びが起こると考えると、人は生まれてから死ぬまで＝生涯にわたった学び＝生涯学習を行っていることが理解できます。

③学びの場としての美術館

学びは五感に情報を受信することがきっかけとなって始まり、生まれてから死ぬまで生涯にわたって続くと考えると、学校だけでなく、私たちを取り巻くすべての場が学びの場となることがわかるでしょう。そしてその学びの場の一つが美術館なのです。

美術館では、学びのきっかけとなるどういった情報がどこから発信されているのでしょうか。美術館を含む博物館では、「モノ」を中心にその機能が考えられています。後述するように、美術館にとっての「モノ」であるさまざまな「美術作品」は多くの情報を発信していますが、ここでは「モノ」だけでなく、美術館に関わる「場」と「人」にも目を向けてみたいと思います。

ⅰモノ

美術館では、過去から現代まで、さまざまなアーティストがさまざまな素材や技術を使い生み出したモノ＝美術作品に出会えますが、それらはどういった情報を発信しているのでしょう。

イギリスの美術史家メアリー・アクトン氏は、著書"Learning to Look at Paintings"の中で、油絵を構成する要素として、構図、空間、形、トーン（色の調子）、色、主題（描かれている内容）というポイントを挙げています。またこれ以外にも、タッチ、絵肌、作品の大きさ、額縁に入っているか、どういった額縁に入っているかなども、さまざまな情報の発信源となります。油絵を見たとき、人はこうした要素すべてからさまざまな情報を受け取っています。

美術館で出会ったモノが日本画、版画、写真、グラフィックポスターだったら、平面ではなく立体、例えば木彫りの仏像、抹茶茶碗、刀剣だったら、また空間全体が作品であるインスタレーションだったら、油絵から受けた情報とは異なる性質の情報を受け取ることになるでしょう。また作品を集め、展示した展覧会は、一つ一つの作品が情報を発信するだけでなく、そうした情報が関連し合い、さらに新たな情報を生み出す、多面性を持った巨大な情報源となります。

また美術作品から発信される情報の多くは視覚を通して受け取られますが、音が出る、匂いがする、食べられる、触れることができる、操作できる、といった五感に訴える美術作品が最近増えたことで、より多様な学びのきっかけが生まれています。

ⅱ 場

美術館を訪れたとき、建物の外観や館内の空間から受けた印象で、その美術館を好きになったり、苦手に思った経験はありませんか。それは、気付かないうちに美術館の建物や展示室といった「場」が発信している情報を受け、自分の経験や記憶に照らして判断しているためです。このように、美術館に関わるさまざまな場も学びにつながる情報を発信しています。

カフェでの作品展示
（オーストラリア、クイーンズランド州立美術館）

場、というと作品を展示する展示室がまず頭に浮かぶかもしれません。しかし、展示室だけでなく、作品とは直接関係ない空間、例えばエントランス、トイレ、カフェ、レストラン、ミュージアムショップといった空間も考慮する必要があります。その空間の広さ、天井の高さ、明るさ、温度、音、床材、壁の色といった要素が情報を発信しています。

また美術館が建っている場所や最寄の駅から美術館にいたるまでの空間といった、館外の場もさまざまな情報を発信しています。美術館が街の中心にあって、ビルに囲まれたり、交通量の多い道路に面している場合、オフィスや商業店舗と一緒に高層ビルに入っている場合、緑に囲まれ、小川のせせらぎの脇に建つ場合、私たちはそれぞれ異なった情報を受け、学びのきっかけを得ています。

ⅲ 人

美術館で人の存在を意識することは少ないかもしれません。しかし、美術館には多くの人が関わり、その一人ひとりが情報を発信しています。まず挙げられるのが美術館で働くスタッフです。美術館のスタッフには、専門スタッフである館長、副館長、学芸員、管理スタッフである事務職員、そして受付スタッフやチケットを販売するスタッフ、展示室内で作品の保全につとめる看視員や警備員といった運営スタッフが含まれます。彼らの中でもっとも来館者が接する機会があるのが運営スタッフです。来館者に接したときの彼らの表情、話し方、姿勢、応対の仕方一つ一つが、来館者にさまざまな情報を発信し、彼らの美術館に対するイメージを形作ります。

以前、子どもを持つ人たちに美術館に関するアンケートを行ったとき、子どもを連れて美術館に行きにくい、行きたくない理由に、運営スタッフに「何もしていないのに注意された」といったネガティブな対応をされたことが挙げられていました。「看視」というのは、「警戒して見張る」という「監視」ではなく、作品などに不都合がないよう「気をつけて見る」という意味なのですが、看視スタッフの対応によっては「監視」のイメージというネガティブな情報を与えてしまうことがあります。反対にスタッフが来館者に良い対応をすれば、来館者はそこからポジティブな情報を受け取ります。このように美術館スタッフがどういった意識を持ち、ふるまっているかが来館者の受け取る情報に反映され、彼らの美術館での学びに気付かないうちに影響を与えます。

専門スタッフ、管理スタッフは直接来館者に会い、情報を与えることは少ないのですが、彼らが作る美術館のミッション（基本理念）とポリシー（方針）、そしてそれに基づき企画・実施される展覧会、アクセスプログラム、運営システムも、情報の発信源であるという認識が重要です。

また、私たちが美術館に行ったときに出会うのは美術館側の人だけではありません。同じときに美術館を訪れている他の来館者も情報を発信しています。大人、学生、子ども、男性、女性、日本人、外国人といったさまざまな人、また彼らが一人静かに作品を見ているとき、複数で来館し、作品について話し合っているときなど、さまざまなシーンから情報は発信され、他の来館者の学びのきっかけとなります。

乳幼児や子どものように年齢が低くとも、病気や障害といった要因から五官すべてが十全に機能していなくとも、性別や国籍が異なっていても、私たちは何らかの形で情報を受け取っています。「モノ」「場」「人」からさまざまな情報を発信している美術館は、学びの内容や質、量に違いはあっても、私たちのすべてに学びのきっかけを提供します。

④美術館ならではの留意点と美術館の役割

前述したように、私たちを取り巻く場はすべて学びの場となりますが、美術館だからこそ考慮したいことがあります。ここでは次に挙げる三つのポイントから、どういうことに考慮したらよいのか、また美術館はそれに対しどう対処したらよいのかを考えてみたいと思います。

i よく見ることの難しさ

一般的に、人は情報の八〇パーセントを視覚から受け取っているといわれています。五感に訴える美術作品が増えたとはいえ、その多くが発信しているのは目で受け取る情報、つまり視覚的な情報です。つまり、視覚から情報を得ていることを意識し、できるだけ「よく見る」ことで美術館での学びの質が上がります。

しかし「よく見る」ことは、実際には簡単ではありません。視覚に障害がない場合、目を開ければモノは「見えます」が、「見える」と「見る」の間には大きな違いがあります。例えば絵画の場合、微妙なタッチやテクスチャー、画面の中に小さく描かれているものなどの情報は、「よく見る」ことなしには受け取れません。

また作品そのものをよく見ることも案外難しいことです。来館者を観察すると、作品よりも、作品の横に掲示されたキャプション（作品タイトル、作者名、制作年といった作品情報が書かれた札）をよく見ている人がいるのに気付きます。キャプションは、作品を見るだけではわからない情報を提示することがあり、学びを助けるツールになりますが、キャプションを読んで作品を「見た」気持ちになってしまうと、作品を「よく見る」ことから得られる情報が得られません。

また物理的、身体的条件から「よく見る」ことが難しい場合もあります。例えば背の小さい子どもは、作品が高い位置に展示されているとよく見ることができません。また視覚障害を持つ人にとっては見ることから情報を得ることはできない、もしくは非常に困難です。

「よく見る」ことの難しさは、来館者がその難しさを意識するだけでもかなり減少します。そのため、それを意識するきっかけ作り、例えばそれを伝えるパンフレットを作ったり、見ることに意識を集中する体験、プログラムを提供することが有効です。また物理的、身体的条件へは、踏み台を置く、作品の位置を下げる、視覚情報を聴覚や触覚といった他の感覚器官から受け取れるようなサポート（言葉による説明や、触れられるモノ）を用意することで対応が可能です。美術館が来館者に対して、こうした「よく見る」ためのサポートを行うと、来館者の美術館における学びはより充実したものとなります。

ii 美術館での決まり

美術館で出会う作品は、過去の有名な芸術家によって制作された一点ものが多いため、壊したり、損なった場合には代替がきかず、また金銭的に高い価値を付与されている場合には金銭的損失も非常に大きなものとなります。そのため美術館には、不特定多数の人々が学ぶ環境を整えることが求められる一方で、作品の安全を確保し、望ましい状態で保存することが求められます。この難しい役割を果たすために、美術館は通常来館者に「触らない」「走らない」「騒がない」という三つの決まりを守ることを求めています。この決まりには、「作品を守る」「作品と人を守る」、そして「人と作品が出会う環境を守る」という意味があります。

美術館に行きなれている人にとっては、この三つの約束は自明の理であり、守るのも簡単ですが、美術館に行きなれていない人、また子ども連れなどで美術館に行こうと思う人にとってはこの決まりが心理的プレッシャーとなり、結果美術館に行くことをあきらめてしまう場合があります。筆者も子どもたちと美術館へ行ったとき、美術館スタッフから、触っていないのに「触らないでください」と言われたり、それほどうるさくしていなくても他の来館者から「子ども連れで来るのは非常識」といった対応をされたことがありました。しかし一方で、美術館スタッフの「子ども連れは歓迎するが、親が子どもにきちんと美術館での約束、マナーを伝えていなくて困る」という声も聞いています。

筆者の経験では、三歳くらいになると、理由をきちんと説明すれば、小さな子どもでもこの決まりが意味することを理解し、守ることができます。しかし、子どもはこうした約束が理解できないと思っていると、子どもたちを美術館に連れて行くことに消極的になります。また、きちんとその意味を伝えていないと、子どもたちは決まりを守る意味がわからず、決まりを守れません。結果的に、子どもたちが美術館で学ぶ機会が損なわれたり、ときには失われてしまいます。

美術館がきちんと機能を果たすためには、こうした決まりが必要です。しかしそれによって、美術館での学びが阻害されるべきではありません。年齢に合わせて決まりの意味を来館者にきちんと伝え、来館者がその決まりに状況に応じて適応していく力を身につけるサポートをすることが、美術館には求められます。

iii 「わからない」というバリア

美術館に行かない人たちにその理由を聞くと、「私は美術の知識がなくて、わからないから」「うちの子はまだ幼稚園で、行ってもわからないから」といった答えが返ってきます。この「わからない」というのは、いったい何を意味しているのでしょう。

前述したように、対象となっているコトやモノを自分の経験と結びつけることができたとき、人は「わかった」と感じます。「わからない」というのはその反対、つまりコトやモノと自分の経験を結びつけられていない状態です。つまり、「美術はわからない」という言葉の背後には、自分と美術、美術作品の間につながりを見出せないという気持ちが隠れています。

先に挙げた山鳥氏は「わかるために必要なこと」の一つに「それ相応の知識」を挙げています。「作品」が発信する情報には、五感によって感覚的に受け取る情報だけでなく、制作者、所有者、発注者、来歴、制作地、制作年、素材・手法、制作意図、主題の意味、制作当時の社会情勢といった知識に関連する情報も含まれます。こうした知識を持っていれば、作品と自分を関連づけるきっかけは確かに多くなると思われます。しかし知識がなくても、五感への感覚的情報を自分の経験に結びつけることができれば、「わかった」と感じることはできます。作品に関する知識は美術館での学びを豊かにしますが、必ず事前に身につけていなければならないものではないのです。

またときとして人は知識がないことを「恥ずかしい」と考えます。こうした心理的なこだわりも、美術館での学びを阻害する可能性があります。しかし、予備的な知識がないことはまったく恥ずかしいことではありません。このような心理的バリアをなくすサポートをすることも美術館には求められます。

(2) 美術館におけるサポート——アクセスプログラム

①アクセスプログラムとは

前節では、美術館は「モノ」「場」「人」から情報を発信し、年齢やバックグラウンドに関わらずすべての人にとって生涯学習の場となること、また美術館ならではの留意点と美術館に求められるサポートについてまとめました。本節では、来館者の美術館での学びを具体的にどうサポートする必要があるか、また実際どのようなサポートを行っているかを見ていきたいと思います。

例えば、「展覧会」を考えてみましょう。展覧会では、一点一点の作品が個々に、また互いに関連し合い、さまざまな情報を発信しています。しかし前述したように、来館者によっては、展示されたモノから自ら情報を得て、それをきっかけに考え、学ぶことが難しい場合があります。そのため展示へのアクセスを提供するさまざまな仕掛け（プログラム）が必要となります。また作品だけでなく展覧会場を含む美術館全体の空間、そこで働くスタッフ、そして「美術、アート」全体へアクセスするプログラムが必要です。

日本では、一九八〇年代頃から先駆的な美術館が、そして現在では非常に多くの美術館がなんらかの形で美術館の「モノ」「場」「人」へアクセスするプログラムを提供しています。これらのプログラムは、これまで「教育普及活動」や「教育プログラム」と呼ばれてきました。しかし「教育」「普及」という言葉から、学ぶ側が受け身であるイメージが生まれるという議論があり、「学習支援プログラム」「パブリックプログラム」など、近年それに代わる呼称がいろいろと考えられてきました。

このテキストではさらに考えを進め、「実際に美術館を訪れる人だけでなく、そこを利用する可能性のあるすべての人が、美術館とそこに含まれるすべての要素にアクセスする機会を提供するプログラム」という意味を持つ「アクセスプログラム」という言葉を採用したいと思います。アクセスプログラムを提供し、美術館で学ぶ可能性のあるすべての人が、美術館にアクセスし、美術館を利用し学ぶサポートを行うのが、美術館の重要な機能の一つなのです。

アクセスプログラムは、どういった対象者が何にアクセスするかを、どうサポートするかによって多種多様に展開します。ここでは皆さんが普段美術館で目にすることができるアクセスプログラムを、「モノ」をメディア（手段）にするアクセスプログラムと、「人」をメディアにするアクセスプログラムに分けてみたいと思います。

i 「モノ」をメディアとするアクセスプログラム

「モノ」をメディアにしたアクセスプログラムは、安定した情報を提供でき、一度作成し、設置すれば、使う人の都合に合わせて使用できる、という利点があります。しかし、プログラムの意図や意味、また使い方がよくわかっていないと、情報をきちんと受け取れないことがあります。

・展覧会を含めた美術館全体の情報を伝えるプログラム――パンフレット、リーフレット、ウェブサイト、ちらし、ポスターなど。

・個々の作品含む展覧会の情報を伝えるプログラム――カタログ、解説パネル、キャプション、ワークシート（クイズや書き込み形式などを取り入れ、見ることへの関心を促すシート）など。

・五感に情報を与えるプログラム――音声ガイド、ハンズオン（触れる）ツールなど。

階段を利用したアクセスプログラム
（京都国立近代美術館）

美術館によっては、キャプションを作る際に、視覚に障害がある人が触って情報を得ることができるよう点字を使ったり、高齢者や弱視の人が見やすいよう大きい文字を使ったり、子どもが理解しやすい言葉を使うなど、使う人の特徴に合わせてさらにアクセスしやすい工夫をしています。また音声ガイドも、使う人のニーズに合わせ、企画展用、常設展用、また大人向けだけでなく子どもを対象としたものも作られています。

また通常広報ツールと考えられているポスターやちらし、ウェブサイト、また、最寄駅からバスを運行させる、障害を持つ人や付き添いの無料化、家族割引チケットなどの提供といった来館者サービスも、広い意味でモノをメディアとしたアクセスプログラムと考えられます。

ii 「人」をメディアとするアクセスプログラム

もう一つのカテゴリーとして考えられるのが「人」をメディアにしたプログラムです。このプログラムは、実施者となる人の都合に合わせなければならないこともありますが、その人の持っている多様な情報を、直接的に受け取ることができるという利点があります。ここでは実施者と参加者間の情報の流れに着目し、「一方向性が強いプログラム」と「双方向性が強いプログラム」に分けてみたいと思います。

・一方向性が強いプログラム――シンポジウム、パネルディスカッション、講演会、レクチャー、ギャラリーツアーなど。

シンポジウム、パネルディスカッション、講演会、レクチャーは、何かテーマを設定し、学芸員、専門家、アーティストといったテーマをよく知る人たちが一人から数人、数十人、多いときは一〇〇人以上の参加者に対して、設定されたテーマについて話をするプログラムです。これらのプログラムには、さまざまな角度から専門家の話を聞くことができるという利点がありますが、情報が実施者から参加者へ一方向的に受け渡されるがちで、参加者が受け身になる可能性があります。また参加する人数が多いので講義室のような広いスペースで実施されますが、こうした部屋は機能的に設計されていることが多く、展示室に比べ、場から五感への刺激がありません。そのため、実施者によってはスライドやコンピュータで画像を見せ、なるべく多くの情報を提供する場合があります。

展示室内でのレクチャー
（日本民藝館学芸員・杉山享司氏、2005 年）

自分の作品を使って小学生にギャラリートークをする高校生
（京都市立銅駝美術工芸高等学校「美工展」2006 年）

ギャラリーツアーは、展示解説、列品解説などと呼ばれることもありますが、「ツアー」「解説」という言葉が連想させるように、展示室内を巡りながら実施者が参加者へ展覧会や作品の解説をするプログラムです。このプログラムは展示室内で実施されるので、前述のプログラムよりも多様な情報を受け取ることができますが、実施者から参加者へ情報が一方向的に受け渡される傾向が強く、またあまり多くの人が参加できないという面もあります。

・双方向性が強いプログラム――ギャラリートーク、ワークショップなど。

双方向性が強いプログラムの場合、参加者も情報を発信する側となるので、実施者、参加者が互いに情報を受け、その結果、双方に学びの機会が増えます。こうした双方向性が強いプログラムの代表として挙げられるのが、ギャラリートークやワークショップです。

ギャラリートークは、実施者と一〇名前後の参加者が共に展覧会場を回り、作品を見ながら、作品や展覧会、またそこから関連して想起されるさまざまなことについて会話をするプログラムです。実施者は参加者に必要に応じて作品などについての知識を伝えますが、それ以上に、作品をきっかけに参加者が作品や他の人たちとコミュニケーションし、そこからできるだけ多くの情報を得ることができる場作りを求められます。学芸員や研修を受けた美術館スタッフ（ボランティア含む）が実施することが多いのですが、アーティストや学校の先生といった美術館外の人が行うケースもあります。

中野民夫氏は、著書『ワークショップ』で「先生や講師から一方的に話を聞くのでなく、参加者が主体的に論議に参加したり、言葉だけでなくからだやこころを使って体験したり、相互に刺激し合い学び合う、グループによる学びと創造の方法」とワークショップを定義しています。「作業場」「工房」という意味を持つ英語の

workshopを語源とし、場を共有し、実施者、参加者が共に何かを行うプログラムをワークショップと呼ぶようになりました。「モノ」「場」「人」という情報を活用して、学ぶ人の自主性を尊重し、互いに学び合うことができるワークショップは、近年美術館で盛んに行われています。

②アクセスプログラムの具体例

こうしたさまざまな種類のアクセスプログラムが各地の美術館で実施されています。しかし、その内容や実施状況をよく見ると、美術や美術館が好きで興味がある人や、すでに美術館を学びの場として使い慣れている人たち、つまり美術館にすでにアクセスできている人たちを対象としているプログラムが多いようです。アクセスプログラムは、年齢、性別、国籍、身体的特徴、文化的背景といった要素に制限されることなく、すべての人のために実施されることが理想ですが、美術館がまだそれに気付いていない、また気付いていてもスタッフや予算不足といった物理的条件で理想的なプログラムを組めないといった事情があることがそこに窺《うかが》えます。

このようにさまざまな背景や制約がある中で、美術館や美術になじみのある人だけでなく、なじみがないと思っている人たち、また美術館が自分の学びの場となることを知らない人たちを、積極的にサポートするアクセスプログラムを行う美術館が増えてきています。その中から、特に障害を持つ人と高校生を対象とした四つの具体例を紹介したいと思います。

i 「手と耳でみるアート」——森美術館

筆者は、東京・六本木に二〇〇三（平成十五）年に開館した森美術館で、開館前から美術館と来館者をつなぐパブリックプログラムのシステム構築と、個々のプログラムの企画・実施にたずさわりました。そこで、赤ちゃんから大人まで、また障害を持つ人たちから外国人まで、すべての人の美術館へのアクセスをサポートするプログラムを組みましたが、その中でも充実させたプログラムがギャラリートークでした。

先に挙げたように、展示室で行われるギャラリートークは、「モノ」「場」「人」から直接刺激を受けながら、実施者と参加者が双方向のコミュニケーションを通して情報を受け合うことのできるプログラムです。近年多くの美術館で実施されるようになりましたが、その多くは、対象者を特に限定せず、誰でも参加できるものです。一見すべての人に開かれているように思いますが、実際にはすでに美術にアクセスしている人が参加することが多いように思われました。こうした思いから、森美術館のシステムを作るとき、従来型のギャラリートークに加え、乳幼児とその保護者、小学生、学校のグループ、聴覚や視覚に障害のある人といった、美術館になじみがなかったり、なかなか行けない人を対象としたギャラリートークを組み込みました。その中から視覚障害を持つ人を対象とした「手と耳でみるアート」（立ち上げ時は「ヴィジョンツアー」）を紹介したいと思います。

このプログラムは開館後、視覚に障害を持つ人たちの美術館鑑賞サポートグループ「ミュージアム・アクセス・グループＭＡＲ」（以下ＭＡＲ）を立ち上げた白鳥建二氏の提案で新たにメニューに加わったプログラムです。視覚から情報を受け取れなくても、モノに触ったり、その音や一緒に回る人の声を聞くことから情報を受け取り、学ぶことができる、という考えを基に企画しました。収蔵品を持たない森美術館では展示作品に触れることが難しかったため、ＭＡＲが実施していた言葉による鑑賞サポート法をベースに、彼らと話し合いながらプログラムを作成しました。

プログラムは約一時間、視覚障害のある参加者一名につきスタッフ一名が対応します。まずスタッフ自身が五感を通して得た作品の情報を言葉で参加者に伝え、参加者は、それを聞き、質問をし、実施者がそれに答える、の繰り返しで鑑賞を進めます。付き添いがいる場合には、その人にも会話に入ってもらえるよう働きかけ、触れることができる作品や音が出る作品があればそれらを利用したり、臨機応変に対応します。

ヴィジョンツアー（現・手と耳でみるアート）「はなして、みる!?」（森美術館「小沢剛展」2004年）

参加者のニーズはさまざまで、展覧会全体をまんべんなく見たい人もいれば、特定のアーティストの作品だけを見たい人もいます。また、作品の発する情報をできるだけたくさん知りたい人もいれば、スタッフがそれを見てどう思ったかを知りたい人もいます。そのためスタッフは、対応している参加者がどういう情報を求めているのか、どういったペースで展覧会を見るのを好むのかなどを、参加者との出会いの瞬間から把握することに努めます。また運営面の工夫も重要です。森美術館は、駅から美術館までの道順が複雑で、高低差もあるため、参加者の安全を考え、集合場所を美術館エントランスではなく、地下鉄日比谷線と大江戸線の六本木駅改札口とし、そこまでスタッフが送迎することにしました。またなるべく来館者の少ないときに合わせ、プログラムを実施しました。

その後プログラムは、その内容がよりわかりやすく伝わる名前に変更されましたが、今も展覧会期中に一回、定員八名で実施されています。現在パブリックプログラムを担当している白木栄世《しらきえいせ》氏によると、開始して約二年目頃からリピーターが増え、毎回定員いっぱいの参加があるそうです。視覚障害を持つ人にダイレクトにアクセスするため、『点字毎日』（点字による週刊新聞）やラジオのニュースなどへ情報を提供するほか、参加した人の口コミも重要な告知となっているそうです。またこうした告知自体が、美術館が視覚に障害のある人にも開かれていることをお知らせする重要なアクセスプログラムとなっています。

ii「障害者特別鑑賞会」——東京都美術館

一九二六（大正十五）年、上野に開館した東京都美術館は、公募団体への貸館、企画展開催、文化事業などを行い、制作する人、鑑賞する人双方がアートに親しみ、学ぶ機会を提供しています。その一環として一九九九（平成十一）年より障害を持つ人のために行われているアクセスプログラムが「障害者特別鑑賞会」です。このアクセスプログラムは、障害者の芸術文化活動をサポートするエイブル・アート・ジャパンが東京都美術館で開催した「エイブル・アート展」で、前出の白鳥氏が視覚に障害を持った人向けに鑑賞サポートプログラムを行ったことをきっかけに始まりました。

年四回行われる企画展で、会期中の休館日のうち一日を使い、視覚障害、肢体不自由などさまざまな障害を持った人とその付き添いの人たちがゆっくり展覧会を楽しみます。障害を持った人が安全にゆったり美術館を楽しむ機会を提供することで、東京都美術館は障害を持った人たちが美術館へアクセスするサポート機能を果たしています。二五回の鑑賞会にのべ一万人以上が参加、展覧会によっては一回に七〇〇名以上が参加します。

またリピーターが多いことが特徴で、二〇〇六（平成十八）年に行われた「プラド美術館展」特別鑑賞会では、アンケート回答者の八八パーセントがリピーターでした。

プログラムの実施にあたっては、東京都美術館とエイブル・アート・ジャパンが協力して、鑑賞の環境づくりサポートを行っています。事業係の宮川育子氏によると、東京都美術館が担当しているのは、プログラムの全体コーディネートと会場運営で、具体的には、予算準備、企画展主催者への協力依頼、協力企業との折衝、告知・受付、アンケート実施、下見会やカタログの配布などボランティアスタッフへの情報提供を担っています。またエイブル・アート・ジャパンは、事務局長の太《おお》田《た》好泰《よしやす》氏によると、鑑賞サポートを務めるボランティア集めと当日のマネージメントをボランティアとして行っています。

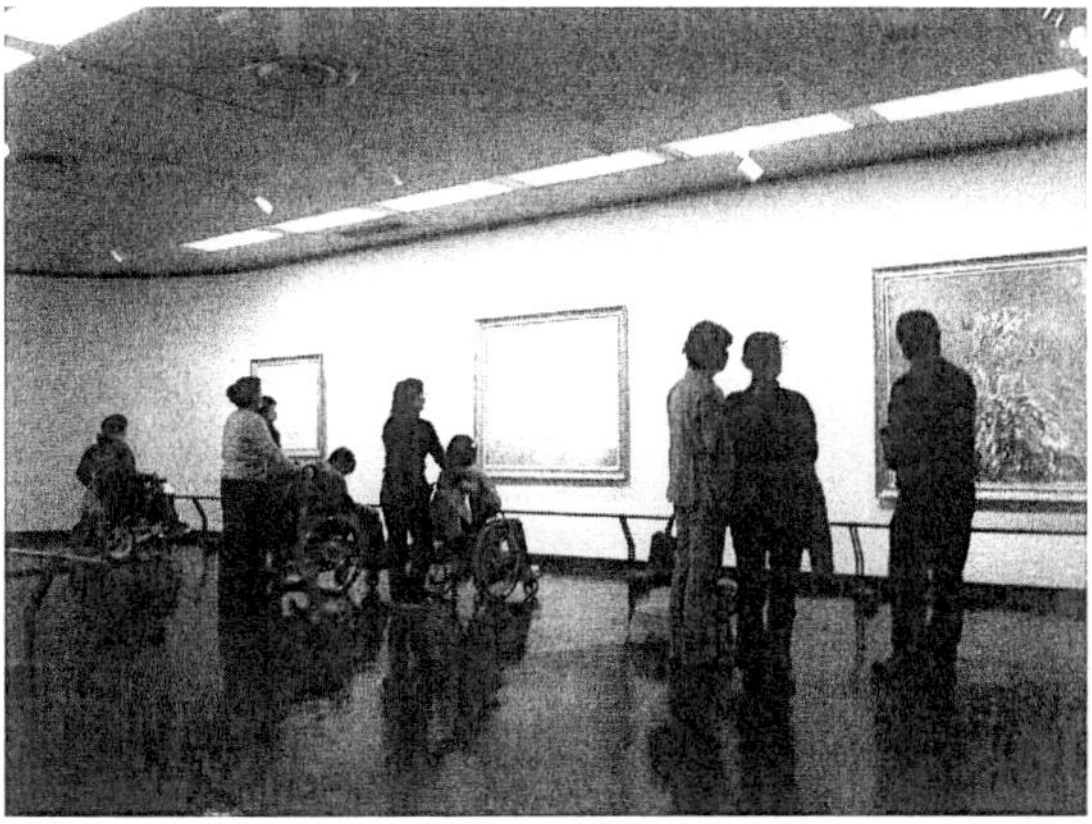
障害者特別鑑賞会「パリ・マルモッタン美術館展」
（東京都美術館、2004 年）

参加者には、一人で、また家族や仲間と展覧会を楽しみたい人もいれば、鑑賞サポートを希望する人もいます。エイブル・アート・ジャパンがコーディネートしたボランティアスタッフは、こうした鑑賞サポートを希望する参加者に付き添い、彼らの望む形でサポートします。作品の説明を聞きたい人には作品解説を行い、作品を介したコミュニケーションを楽しみたい人とは作品をきっかけにいろいろな会話をします。

終了後は参加者へのアンケートとスタッフの反省会を実施し、参加者、実施者両方からのフィードバックを次回へ反映させています。参加者からは「はじめてゆったり鑑賞できた」「スタッフが親切」「わかりやすい説明が勉強になった」「作品説明の文字が大きく見やすい」といったポジティブなものから、「バリアフリーが不十分」「説明をする人の声が大きすぎる」といった改善を求めるものまで、さまざまな意見が寄せられていますが、全体的に評価は高く、参加者が自分に合った形で美術館にアクセスするサポートとなっていることが窺えます（エイブル・アート・ジャパンのこの事業へのサポートは二〇〇七年三月に終了）。

また最近、新たな試みとして企業との連携を進めています。二〇〇五年に行われた「プーシキン美術館展」では、日本製紙株式会社の社員ボランティアが、自社が開発した「ウェイビーウェイビー」という伸張性のある紙で展示作品を立体化し、触れる鑑賞ツールを提供したり、会場で参加者を案内しました。近年ＣＳＲ(Corporate Social Responsibility)――「企業の社会的責任」をいかに果たすかが企業マネージメントにおいて重要性を増していますが、日本製紙株式会社もこの連携をＣＳＲの一環である社会環境活動と位置づけています。展覧会に資金を提供するだけでなく、企業と美術館が連携し、アクセスプログラムを作る取り組みは、今後より重要になると思われます。

iii 「高校生ウィーク」――水戸芸術館現代美術センター

高校生は子どもから大人へ移行する青春期にあたっています。急激な体の発育がおさまり、情緒的に安定する一方で、自我に目覚め、自分は何者か、自分は何のために生きているのかといった自問自答を繰り返しながら自我同一性を獲得していく大切な時期と言われています。

日常を過ごす家庭や学校では出会えない「モノ」「場」「人」に出会い、さまざまなことを学ぶきっかけとなる情報を受けることのできる美術館は、自分を見つめる時期を過ごす高校生にとって役立つ可能性があります。しかし、高校生を対象にしたアクセスプログラムは実際には非常に少ないのが現状です。それは、高校がこうした美術館の有用性を知らない、また知っていてもカリキュラムに美術館利用を組み込めなかったり、美術館側も高校生に美術館体験が有効であることを知らない、さらに高校生は対応が難しそう、美術には興味がない、興味があっても授業や部活、バイト、受験準備で忙しいだろうというイメージを持ってしまっていることなどが理由になっていると思われます。こうした中で、水戸芸術館現代美術センターは、高校生を対象とした「高校生ウィーク」という意欲的なプログラムを行っています。

　水戸芸術館は一九九〇（平成二）年に水戸市制一〇〇周年を記念して設立された、美術、演劇、音楽の三部門から構成される複合文化施設で、さまざまな独自企画を行い、積極的に文化発信を行っています。「高校生ウィーク」は、その美術部門「現代美術センター」が、高校生とその年代の人（十五〜十八歳）が気軽に美術館にアクセスするきっかけとして、一九九三年から、彼らを対象に無料で美術館へ入館できる期間を設ける形で始まりました。芸術監督の逢坂《おうさか》恵理子《えりこ》氏（現・森美術館プログラム・ディレクター）によると、このプログラムは、高校生を美術館に来させるのではなく、彼らの主体性を尊重し、自発的に美術館に行ってみようという気持ちを持ってもらうことを目指しています。

　回を重ねる中で「高校生ウィーク」は、来館のきっかけ作りという間接的な関わりから、直接的に高校生と関わり、彼らが主体的に美術館を利用することをサポートする方向へ変化しました。そうした中、このプログラムを告知するポスターデザインや水戸芸術館のＰＲビデオを高校生が制作する「広報プロジェクト」が

「高校生ウィーク　ちへい／カフェ」
（水戸芸術館現代美術センター、2006 年）

二〇〇〇（平成十二）年から始まりました。ポスターやビデオを作るには、広報するプログラムと、広報の対象となる人をよく知る必要があります。このプログラムに参加すると、美術館や「高校生ウィーク」や、広報の対象となる同じ年代の人たちのことを考えなければなりません。そのことが翻って自分自身を考えるきっかけになるといった効果も期待できます。またポスター、ビデオといった広報ツール自体がアクセスプログラムであるため、高校生がアクセスプログラムを企画・実施する機会を提供することにもなります。美術館スタッフは、その環境を整備し、サポートをすることで、高校生を側面から支えるコーディネーター／サポーターとしての役割を果たします。

　二〇〇三（平成十五）年には、「カフェ＝人が集う場」という仕組みが「高校生ウィーク」に取り入れられました。このカフェには高校生だけでなく、一般の来館者も集うようになり、世代やバックグラウンドが異なる人たちが交流する場、またワークショップなどを行う新たなプログラムの場として機能し始めました。

　また、高校を卒業し、大学生、社会人となったかつての参加者も「高校生ウィーク」に携わるようになりました。二〇〇六（平成十八）年には高校生と同年代の人たちの無料入館に加え、会場づくりや飲食物の提供を含めたカフェの運営、ワークショップの企画実施、地元の農業高校との連携など、高校生を対象として始まったこのアクセスプログラムは着実に広がりを見せています。

ⅳ「アート・エクスプレス展」――オーストラリア、ニュー・サウス・ウェールズ州立美術館

多民族国家オーストラリア最大の都市シドニーに建つニュー・サウス・ウェールズ州立美術館（Art Gallery of New South Wales, AGNSW）は、オーストラリア、ヨーロッパ、アジア美術のコレクションを持つオーストラリア第二の美術館です。年間約一七〇万人のさまざまな年齢、バックグラウンドを持つ来館者へ向け、多彩なアクセスプログラムを実施していますが、前述の「高校生ウィーク」同様、高校生を核にした非常にユニークなアクセスプログラムである「アート・エクスプレス展」を紹介します。

オーストラリアでは、日本の高校三年生にあたる一二年生のときに、大学進学資格を得るために統一卒業資格試験を受験します。この「アート・エクスプレス展」はニュー・サウス・ウェールズ州で美術を専攻した全一二年生が美術部門の卒業資格試験に提出した作品の選抜展です。一九三〇年代に始まったこの展覧会は、一九八九年にＡＧＮＳＷが主会場となってから規模が拡大し、現在は州内を巡回する大規模な展覧会に成長しました。二〇〇四年度は八〇〇〇点の提出作品から五三作品が選ばれ、絵画、グラフィックデザイン、版画、写真、オブジェ、テキスタイル、彫刻、陶器、デジタルメディア、映画、ビデオ、アニメーション、ミクストメディア、インスタレーションといった多岐にわたる作品が発表されます。

この展覧会へは、一般来館者だけでなく、学校単位やグループ、個人で多くの高校生が訪れるほか、出品者の友人、家族、近所の人が数多く来館します。普段はあまり美術館を訪れない人も、出品者との個人的なつな

「スチューデント・スタディ・モーニング」
（ニュー・サウス・ウェールズ州立美術館「アート・エクスプレス展」2005 年）

がりで美術館を訪れたり、作品を作った高校生アーティストと接する中でアートにアクセスし、学びのきっかけとなる多くの情報を得ることができます。

このように展覧会自体が優れたアクセスプログラムである「アート・エクスプレス展」では、この展覧会を利用して授業を行う先生に情報を提供するプログラムや、展覧会や作品の情報を発信するウェブサイトなど、展覧会をきっかけに広がるアクセスプログラムも行われています。その中で取り上げたいのが「スチューデント・スタディ・モーニング」(Student Study Morning) というレクチャープログラムです。

これは、五三人の高校生アーティストから選ばれた一五名が、三人ずつ五回に分かれ、高校生を前に三〇分間自作についてレクチャーするプログラムで、私が参加した二〇〇五年のときは三〇〇人近い高校生を前に、ユダヤ系私立高校と公立普通高校の男子生徒二名、公立美術高校の女子生徒一名が話をしました。その中の一人は、自分がゲイであるという心理的葛藤が作品制作のきっかけになったこと、またその葛藤をどのように作品に表現したかを語り、客席の高校生も非常に真剣に耳を傾けていました。高校生が自作について話し、それを高校生が聞く場を提供するこのアクセスプログラムは、彼らにとって非常に大きな学びの場となっていると感じました。

この複合的な構造を持つアクセスプログラムを担当しているAGNSWエデュケーション部のトリスタン・シャープ氏は、このプログラムの主役は高校生だが、彼らを支える教師や家族もこのプログラムの重要なファクターであること、また今後は「来館者賞」を設けるなど一般の来館者との接点を増やしていきたい、と語ってくれました。

(3) ギャラリー・リテラシーの育み――これからの美術館の役割

ここまで、美術館は「モノ」「場」「人」からさまざまな情報を発信し、学びのきっかけを提供する生涯学習の場であること、そして美術館での学びにはポジティブ、ネガティブ両面にわたるさまざまな特性があることを見てきました。そして美術館は、アクセスプログラムの実施を通して、美術館における学びの特性を利用者に伝え、彼らが主体的に美術館を利用し、学ぶことをサポートする役割を担っていることを確認しました。美術館へのアクセスを提供するこうした活動は何を目指しているのでしょうか。

ここで紹介したいのが「ギャラリー・リテラシー」という言葉です。「リテラシー literacy」は「文字」を意味するラテン語 littera から生まれた liter を接頭語に持つ英単語で、元々は「読み書き能力」「識字能力」を意味していました。それが近年、「メディア・リテラシー」「コンピュータ・リテラシー」のように他の単語と組み合わされて、「～を活用する能力」という意味を表すようになりました。この「リテラシー」という言葉に美術館を意味する「ギャラリー」をつけたのが「ギャラリー・リテラシー」です。この言葉は、「ギャラリー＝美術館」を活用する能力、詳しく言えば、「モノ」「場」「人」がさまざまな情報を発信する学びの場としての美術館を自分に合わせて活用する力を意味しています。この能力は誰でも身につけられるもので、生まれながら身につけているのではなく、後天的に身につけていく能力です。

美術館を利用した生涯学習で重要なのは、知識を得ることではなく、一人ひとりが美術館で得られるさまざまな情報を自らの力で受け取り、自分の記憶に照らし、学び、最終的に自分の生を豊かにすることです。それには、私たち一人ひとりが美術館について、また美術館における学びについて正しい情報を持ち、自分に合った形で美術館を活用する力、つまりギャラリー・リテラシーを身につけていることが不可欠です。美術館が最終的に目指すのは、アクセスプログラムの実施を通して、美術館を利用する可能性のあるすべての人がギャラリー・リテラシーを身につけ、自分の力で自由に美術館を使いこなすためのサポートをすることです。

ここで重要なファクターとなるのが、美術館スタッフのコーディネート／サポート力です。例えば、先に挙げた「障害者特別鑑賞会」では、東京都美術館のスタッフは、プログラムの実施者ではなく、外部の団体や企業と協働し、プログラムを実施するための環境を整備し、全体をコーディネートする役割を果たしています。美術館がギャラリー・リテラシーを育むサポートを行う場合には、美術館のスタッフがこうしたコーディネーター、サポーターとしての役割を果たすことが大変重要です。

また最近耳にする美術館の閉館や、指定管理者制度の導入にみられるように、美術館を取り巻く状況が劇的に変化する現在、ミュージアムマネージメントの観点からギャラリー・リテラシーを育成する必要性が出てきています。森美術館の南條《なんじょう》史生《ふみお》副館長（現館長）は、「耳と手でみるアート」のようなアクセスプログラムは維持・管理にコストがかかるが、美術館が社会的役割を果たし、イメージをアップするためにも継続していきたい、また広報担当のイーデン・コーキル氏（現『ジャパンタイムズ』編集局学芸部記者）も、森美術館のパブリックプログラムは美術館ＰＲのための重要な要素となっていると語っています。このように美術館マネージメントとアクセスプログラムを関連づけて考えることも今後ますます重要になっていくと思われます。

筆者は、二〇〇五年にオーストラリアのいくつかの美術館でアクセスプログラムに関するリサーチを行いました。そのときブリスベンにあるクイーンズランド州立美術館の日本美術展示室で、印象的な光景を目にしました。奥のガラス窓の外に坪庭がある静かで薄暗い展示室で私が作品を見ていたときに、数人の男子高校生が入ってきました。なぜこの展示室に彼らが来たのか不思議に思ったとき、その中の一人が友人に言った一言が聞こえてきました。「この場所が僕の一番好きな場所なんだ」。その瞬間、美術館の中に一番好きな場所を持ち、それを友人に紹介している彼のような人が、ギャラリー・リテラシーを身につけているのだと感じました。彼のような人が増え、初めて美術館は学びの場として機能していると言えるようになるのだと思います。

日本美術展示室にたたずむ高校生
（オーストラリア、クイーンズランド州立美術館、2005 年）

ギャラリー・リテラシーを育むには、美術館が一〇年、二〇年といった長いスパンでサポート活動を続けていく必要があります。そのためには、美術館が組織と予算の新たな仕組みを構築し、それをマネージメントしていくことが必要です。しかし、美術館だけでなく、学びの主体となる私たち自身に、ギャラリー・リテラシーを身につけ、自立して美術館と協働することが求められているのです。

インタビュー協力（肩書はインタビュー当時）

ニュー・サウス・ウェールズ州立美術館エデュケーション部／トリスタン・シャープ氏、二〇〇五年三月二十三日
水戸芸術館現代美術センター芸術監督／逢坂恵理子氏、二〇〇六年六月十一日
森美術館副館長／南條史生氏、広報部／イーデン・コーキル氏、パブリックプログラム／白木栄世氏、二〇〇六年七月七日
エイブル・アート・ジャパン事務局長／太田好泰氏、二〇〇六年七月七日
東京都美術館事業係／宮川育子氏、二〇〇六年七月九日

引用・参考文献

ダニエル・ジロディ、アンリ・ブイレ『美術館とは何か――ミュージアム&ミュゼオロジー』鹿島出版会、一九九三年
山鳥重『「わかる」とはどういうことか――認識の脳科学』ちくま新書、二〇〇二年
山内光哉編『発達心理学』〔第2版〕、ナカニシヤ出版、上巻・一九九八年、下巻・二〇〇一年
白石克己編『生涯学習論――自立と共生』実務教育出版、一九九七年
加藤有次他編『生涯学習と博物館活動』〈博物館学講座〉10、雄山閣出版、一九九九年
関口礼子他『新しい時代の生涯学習』有斐閣アルマ、二〇〇二年

Mary Acton "Learning to Look at Paintings", Routledge, 1997
Eileen Hooper-Greenhill "Museum and Gallery Education", Leicester University Press, 1991
中村桂子『ゲノムが語る生命――新しい知の創出』集英社新書、二〇〇四年
菅谷明子『メディア・リテラシー――世界の現場から』岩波新書、二〇〇〇年
中野民夫『ワークショップ――新しい学びと創造の場』岩波新書、二〇〇一年
エイブル・アート・ジャパン編『百聞は一見をしのぐ!?――視覚に障害のある人との言葉による美術鑑賞ハンドブック』エイブル・アート・ジャパン、二〇〇五年
平井誠也、藤土圭三編『青年心理学要論』北大路書房、一九八九年
水戸芸術館現代美術センター編『水戸芸術館現代美術センター記録集二〇〇二―二〇〇六』水戸芸術館現代美術センター、二〇〇六年
樋口雅子・山崎一希「水戸芸術館「高校生ウィーク」」『生活教育』日本生活教育連盟、二〇〇六年六月号、八〇～八九ページ

参考ウェブサイト

国際博物館会議　http://www.museum.or.jp/icom-J/
博物館法（総務省法令データ提供システム）　http://law.e-gov.go.jp/htmldata/S26/S26HO285.html
親子でびじゅつかん　http://www.artsforalljapan.org/home.html
森美術館 パブリックプログラム　http://www.mori.art.museum/jp/pp-ind/index.html
ミュージアム・アクセス・グループＭＡＲ　http://www2.gol.com/users/wonder/mar/martop.html

東京都美術館　http://www.tobikan.jp/

エイブル・アート・ジャパン　http://www.ableart.org/

日本製紙グループ社会環境活動　http://www.np-g.com/csr/social/index.html

水戸芸術館現代美術センター　http://www.arttowermito.or.jp/art/gallery-j.html

「高校生ウィーク」　http://www.arttowermito.or.jp/hssw2007/

ニュー・サウス・ウェールズ州立美術館（英語）　http://www.artgallery.nsw.gov.au/

　同（概要・日本語）　http://arts.australia.or.jp/artgallery_nsw.html

「アート・エクスプレス展」　http://www.insideartexpress.com.au/

2　学びの編集――学びの場づくりの考え方

紫牟田伸子

二十歳であろうと八十歳であろうと、学ぶことをやめたとき人は老いる。学び続ける者はいつまでも若い。人生でいちばんすばらしいことは、若い心を持ち続けることだ。

――ヘンリー・フォード

はじめに

ミュージアムでの学びを考えるときはいつも、かつて、イギリスのテイト・リヴァプールのキュレイター、ルイス・ビックス氏にインタヴューしたときのことを思い出します。海外の美術館の学習プログラムは早くから充実していて、現代絵画の前で幼稚園児たちが先生の周りに車座になって元気よく手を挙げていたり、小学生たちがレポート用紙をもって作品の感想を書いていたり、老婦人が公開講座に参加するなどといった風景は日常的でした。四つのギャラリーで構成されているテイト・ギャラリー（ロンドンのテイト・モダン、テイト・ブリテン、テイト・セントアイヴス、テイト・リヴァプール）もその例にもれず、早くから多様な学習プログラムを取り入れており、なかでもリヴァプールは、地域と密着した特色ある学習プログラムで知られていました。その一つである「ヤング・テイト」というプログラムについてうかがったときの記事の一部を抜粋してみます。

「(ヤング・テイトは、)あるストリート・キッズのグループをギャラリーに招待して、話をしたところから始まりました。私たちがいかに正しくないかということを彼らは話してくれたんですが、私たちはそれがおもしろくて、さらに招待を繰り返していくうちに、作品ラベルをつくったりするような作業を頼んでみたんです。彼らはアートの仕事がどんなものなのか、自分たちなりの視点をもってくれるようになりました」。そうしたなかから若者たち自身がキュレイトする展覧会というアイディアが生まれた。一九九五年から九六年にかけて開催された「Testing the water」は、若者たちがコレクションのなかから作品を選び、カタログを書き、写真を撮ったりしてつくりあげたものだ。「彼らは展覧会をつくるために必要な技術を学んでいました。彼らのつくり方は私たちとはまったく違った方法でしたから、彼らが学んだのと同じくらい、私たちにも新しい発見がありました」(『BT/美術手帖』一九九八年二月号)

ストリート・キッズたちは、最初は美術館を古くさくて権威的なものだと感じていたのでしょう。ビックス氏と美術館のスタッフは、彼らを諭して意見を変えさせるのではなく、美術館という仕事の中に彼らを参加させることで、ごく自然に、若者たちが自分たちの力で、展覧会がどのようにできあがっていくのかということを学ぶことを促しました。同時に若者たちから教えられることも多かったというのは、このプログラムが美術館にとっての学びにもなったということでしょう。

その後も関係は続き、いまでは「ヤング・テイト」は十三歳から二十五歳までのメンバーが、自分たちと同年代の若者が参加できるようなイヴェントや展示を企画する活動を行う集まりに進化しています。人数も流動的なら活動も不定期なクラブ活動のようなものながら、若者たちは一年から三年くらい熱中して、そして自然に離れていく。街を離れる子もいれば、ほかに興味を見つける子もいる。美術大学に進んだ子も何人かいるのだそうです。

テイト・ギャラリーの学習プログラムは、議論や討論を通じて、自分なりの美術の見方を得られるものを中心に考えられているように見えました。取材当時もビックス氏は、制作偏重の美術教育ではなく、「作品の前で時間を使うべきだし、アートについて語るべきだ」と語っていました。「ヤング・テイト」は、若者たちが作品を前にして議論し、考え、アイディアをつくりあげていくものです。このように、作品を通して多角的な視点を獲得できるようにすることこそ、ミュージアムというメディアが提供できる学びの中核ではないでしょうか。

美術館や博物館のような施設がメディアとして機能するのは、ミュージアムと観客がコミュニケーションするときです。前章でも述べられているように、ミュージアムは建物や空間があるだけで成立するものではなく、運営する人がいて、モノをつくった人々がいて、モノ（収蔵品や展示品）があり、それを選んで伝えようとする人がいます。そしてそれを受ける側も人です。モノと人、人と人、空間と人がどうコミュニケートするかによって、美術館がより生き生きとした生涯学習の場になるのではないかと思います。

この観点から、この章ではいくつかの事例とともに、学びの場をどのようにつくっていくのかを考えてみたいと思います。

(1) 学びの環境をつくる

学ぶということは、ものごとのことわりをつなぎ合わせて、理解することです。このことを情報社会の中で生きる私たちは、データを集めることと混同してしまうことがよくあります。情報デザインの先駆者で、自らを「情報アーキテクト」と呼ぶデザイナー、リチャード・ソール・ワーマンは、「私たちはデータと情報、つまり、事実と知識という、まったく別物同士を混同してしまった」と言っています（ワーマン『それは「情報」ではない。』）。データは編集されて情報になります。たとえば雑誌のことを思い浮かべていただければいいでしょう。ある展覧会の記事の紹介の仕方は、雑誌によって、つまり伝える人によって視点が異なっています。どこを切り捨て、どこを強調するかによってそれぞれの雑誌の情報は異なるのです。すべての情報は、送り手の視点やものの考え方というフィルターを通っています。事実はさまざまなかたちで編集されることで、わかりやすく人に伝えられていきます。さらにワーマンはこうも言っています。「情報を受け入れれば学習がなされると思うのは早計だ。その前に、相手が興味を示さなければならない。興味こそが、学ぶという困難な仕事へ相手を向かわせる力となるからだ。新しい知識を学ばせ定着させるには、いろいろな方法で興味を刺激してやる必要がある」。たとえばそれは、ミュージアムがもつテーマを作品や人を使ってうまく情報に編集することです。情報は正確であることはもちろんですが、人々が自分の興味に照らし合わせ、さらに奥深く踏み込みたいという気持ちにさせることは、学びの環境づくりにとって重要なことなのです。

ミュージアムの環境はさまざまですが、ここでは「ヴァーチュアルサイト」と「リアルサイト」と分けてみました。「ヴァーチュアルサイト」はいわゆるホームページですが、近年のデジタル技術の発展により、学びの場所としての性格をもてる可能性がより高まっています。「リアルサイト」とは、ここでは建築と空間を体験できる現実のミュージアムを指します。では、このふたつのサイトを、それぞれの特性を活かした学びの場として考えてみましょう。

①ヴァーチュアルサイト

i もうひとつの美術館

ミュージアムで何が行われているのか、なにげなく見た広告や雑誌の記事などでまず知ることは多いと思います。内容をより詳しく知りたくなったら、まずはインターネットでミュージアムのホームページにアクセスするという人は増えているのではないでしょうか。

いまやウェブサイトは非常に重要な情報ツールであると同時に、美術館と観客の重要なコミュニケーション・ツールになっています。サイトを訪れる人は目的を検索するだけでなく、美術館全体、つまり展示企画のスケジュールや学習プログラム、図書館やその他の施設などといった、ほぼすべての情報をそこで得ることになるでしょう。言い古されてはいますが、やはりウェブサイトは、そのミュージアムの姿を表すという意味で、「ヴァーチュアルなミュージアム」なのです。一時期言われたように、作品を見るという体験がヴァーチュアルに置き換えられるという意味ではなく、美術館全体のアクティヴィティ（活動の状態や活気）がまず人に伝わるという意味で、「もうひとつの美術館」であることを認識すべきだと思います。

ミュージアムでは実物に触れることが最大の魅力ですので、多くのミュージアム・サイトでは、その入り口としての基礎知識を展覧会情報や収蔵品の説明などの形で発信しています。

その中で、サイト自体を学びの場として発展的に考えようと積極的な試みを行っているミュージアム・サイトをひとつ挙げましょう。テイト・ギャラリーのウェブサイト「テイト・オンライン(Tate Online)」です。ここでは展覧会情報のいくつかは動画配信していて、たとえば過去行われた展覧会で流された映像や作家が制作したアニメ作品などを見ることができますし、子どもを対象とした制作ワークショップでつくられた子どもたちの作品が動画になっていたりもします。ミュージアムの入り口として「おもしろそう」「見てみたい」という気持ちを醸成させる工夫が随所に見られるのです。

ポッドキャストや動画配信をしているミュージアム・サイトは近年よく見られるようになりましたが、テイト・オンラインでさらに特筆すべきは、サイトの中にある「ラーン・オンライン(Learn Online)」です。これは、自宅のデスクトップで近現代美術を学ぶことができるオンラインの美術講座です。レベル1は無料なので、登録すれば誰でも入れます。ログインすると、いくつかの作品が並んでいます。それぞれの作品に対してひとつずつテーマが設定されており、たとえばロダンの彫刻であれば、クリックするごとに作品を見た感じ、作品を見る距離について思ったこと、ロダンの作品を題材にした現代美術の作品に対する感想など、作品を見て感じたことを記入できるようになっています。最後にほかの人々が書いた感想と自分の意見とでディスカッションができるようになっています。他人と意見を交換するといろいろな発見があり、作品についての理解が深まります。デジタルでこのような環境がつくれるのは、技術が進歩したからにほかならないでしょう。ほかにも作家が自分の作品を自分の言葉で解説する「Works in Focus」、展示会場の写真を見ながら作品説明を聞く「Modern Paint Podcast」など、デジタルの先端技術を活かした学びの場が用意されています。

ウェブサイトの基本は、ユーザビリティ（見やすさ、わかりやすさ、操作しやすさ）とアクセシビリティ（目的の情報にすぐに到達できること）で、その点から見ても情報が整理整頓されてわかりやすいサイトですが、同時に、ネットにおけるインタラクティヴィティ（双方向性）の可能性を探る実験でもあります。

興味を引くための工夫というと、コマーシャルなつくりで訴求することと誤解されがちですが、きちんと人々が知りたいことを選んで、見る人がどうすれば興味をもってくれるかを知的に編集することこそ大事だということを、このサイトは教えてくれます。

ii 情報はシェアするもの

また、過去の展示や収蔵資料のアーカイヴという意味では、ウェブの検索システムは非常に有効です。過去の展覧会、収蔵作家の名前などを入力すれば、サイト内の付属図書館やコレクションのデータベースから該当するデータを引き出せる検索機能が搭載されたサイトも多くなってきました。国立科学博物館や国立民族学博物館など、博物系のサイトではとくにデータベースをオープンにすることが求められています。

学問の世界では、研究成果をネットで共有することはよくあります。たとえば、二〇〇六年に日本でも翻訳・出版されて話題となった『原典 ユダの福音書』（日経ナショナルジオグラフィック社）は、キリスト教の成立過程をめぐる謎に新たな解釈の余地を提供する発見の翻訳です。古文書はコプト語で書かれていたそうですが、それを翻訳し発表した学者たちの成果は、書籍となって日本語でも読めるようになっています。しかし、ボロボロになった断片を修復してつなぎ合わせて解釈する作業は大変なものです。この作業を統括したロドルフ・カッセル博士は、こうした断片を公開して多くの研究者がじっくり分析できるようになれば、欠落したページの復元と解読が進むと期待しているといいます（ナショナルジオグラフィックのホームページより。http://nng.nikkeibp.co.jp/nng/topics/n20060407_2.shtml）。復元した古文書の一部はウェブサイトで見ることもできます。一般の人々も研究者もウェブサイトでこうした研究の進捗状況を知ることができるようになってきました。

天文学でも数学でも生物学でも民族学でも、世界中で数々の研究が行われています。次世代を支える新技術も次々研究開発されています。こうした情報はつねに更新されて、いずれは生活を通して私たちに伝わってくるものですが、研究者だけでなく一般の人々でも興味をもって学ぶ者のためには、情報はつねに公開されていることが必要になってきました。インターネットは、知識の所在を明らかにする、知のネットワークです。また、インターネットは知識を広げるだけでなく、知識をもった人が自由に参加できるオープンソースの世界でもあります。「ウィキペディア」というウェブ上の事典をご存知でしょうか。これは多数の人々が書き込む、いわば地球上全体でつくる百科事典ということができます。事実誤認もあるため賛否両論ですが、何かをちょっと知りたいときには便利なツールです。

情報量の多い現代社会においては、知りたいことにどのようにアクセスして情報を活用するかということ自体を知ることが、学習者にとっては必要不可欠です。アメリカではメディアや情報を探し出し活用する能力を育成することが目標とされ、学校図書館のメディア・プログラムの目標のひとつに、「あらゆる分野のコミュニケーション・メディアの導入と、新しい、あるいは今後出現することが予想される情報技術の活用を通して、利用者が賢い情報の使い手、優れた情報の創り手となるような学習経験を経験すること」が掲げられています（山内祐平『デジタル社会のリテラシー』）。このように、生涯学習者は、情報を探索し、情報を評価し、それらを用いて自らの学びを切り開き、それを創造的に表現できるような方法を知る必要があります。「リテラシー」という言葉は文字の読み書き能力を表す言葉でしたが、情報メディアが多様になっている現在では、自分と自分を取り巻く世界の関係を読み解き構築するための力という広い意味をもつようになりました。これはひとりひとりの学習者が自分と自分をとりまく環境とのつながりをもつための手段です。ロシアの心理学者レフ・ヴィゴツキーは、大人と子ども、人と社会の相互作用（対話）によってリテラシーは深まると述べています（同前）。ミュージアムは新しい発見や進歩を人々にわかりやすく伝える環境を整えていかなければなりませんし、学び方を体験していくようにしていかなければなりません。情報デジタル技術は今後も進化していくでしょうし、双方向コミュニケーションを行うには資金的、人員的にも困難が伴います。それでも、ウェブサイトを誰もが利用できるオープンな「もうひとつの美術館」として考えていくことは、ミュージアムが学びを促進させるために必要な未来ではないでしょうか。

②リアルサイト

i 展示品とのコミュニケーション

もうひとつ、テイト・リヴァプールの話をします。ビックス氏に取材したとき、学習プログラムの企画・進行は「教育チーム」の担当で、一般客に対するギャラリー・ツアーなどは「インフォメーション・チーム」が受け持っているのだと話してくれました。インフォメーション・チームは作品の見張り役も兼ねているのだそうですが、このチームと観客とのコミュニケーションの仕方はとても参考になります。

「もちろんセキュリティのためにいるんですが、彼らはアートについて説明できるよう教育されています。ですから〈触らないでください〉という代わりにこういうんです。〈この作品はとても壊れやすい素材でできているって知っていますか〉ってね」（前掲『BT／美術手帖』）

このコメントに非常に感動したのを覚えています。伝えなければならない「禁止事項」を、作品に関連する知識へと転換するこのやり方は、美術館だけではなく生活全般においても、円滑なコミュニケーションの方法として有効なものではないでしょうか。こうした小さな事柄が、観客にとっては学びのきっかけにつながります。むずかしいことではありますが、こうした細かい気遣いのひとつひとつが学びを促進させるのだと思います。

学びの入り口は好奇心をもつことです。前述した情報アーキテクトのワーマンは、「学びは興味をもったことを記憶すること」から始まると言っています。好奇心は興味につながり、興味から理解へとつながっていきます。ミュージアムで小さな気遣いを積み重ねてこのつながりをつくっている事例として、東京の板橋区立美術館を見てみましょう。

この作品解説プレートをご覧ください。吹き出しに注目です（次頁参照）。「この絵が一番のお気にいりじゃ」。なんだか話しかけられているような気分になりませんか？　これは「観客が自分の中で対話することができる仕掛けだ」と館長の安村敏信氏は言います。「絵を見るというのは孤独なものですが、おもしろいね、と問いかけられれば、〈そうだね〉や〈そうでもない〉という感想が生まれてくる。実際、声に出して応えている人もたまにいますね（笑）」。プレートの大きさにも注目してください。通常の作品キャプションに比べるととても大きく、漢字にはルビがふってあります。これも、読みやすさと理解しやすさを考えた結果です。新聞に「老眼鏡がいらない美術館」という投書もあったそうです。

　こうした工夫をしているのは、板橋区立美術館が、古美術と観客とのギャップを埋めるということの必要性を強く感じているためでもあります。「当館の館蔵品の中核は江戸時代の美術品です。そもそも古美術は屏風

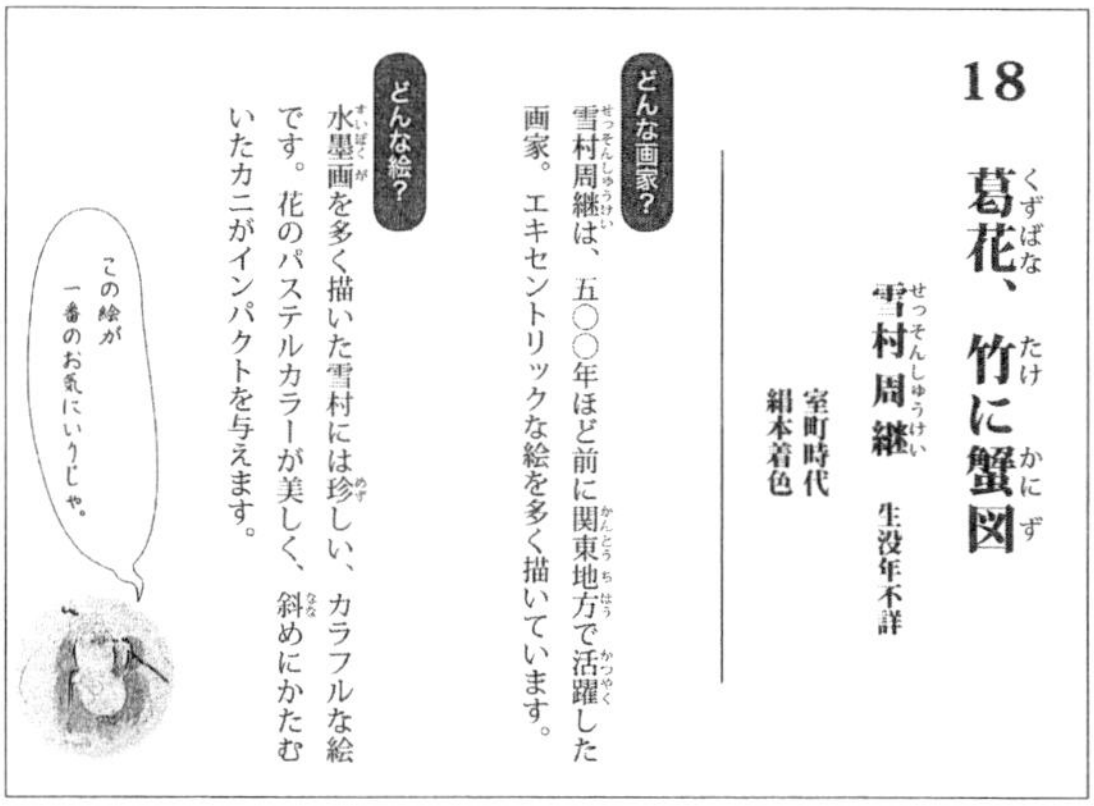

18
葛花《くずばな》、竹《たけ》に蟹図《かにず》
雪村周継《せっそんしゅうけい》　生没年不詳
室町時代
絹本着色
どんな画家？
雪村周継《せっそんしゅうけい》は、五〇〇年ほど前に関東地方《かんとうちほう》で活躍《かつやく》した画家。エキセントリックな絵を多く描いています。
どんな絵？
水墨画《すいぼくが》を多く描いた雪村には珍《めず》しい、カラフルな絵です。花のパステルカラーが美しく、斜《なな》めにかたむいたカニがインパクトを与えます。

雪村周継《葛花、竹に蟹図》と解説プレート。
左下の吹き出しに注目（板橋区立美術館）

や掛け軸など、人々の生活の中で使われてきたものですが、現代の日常生活で屏風や掛け軸を鑑賞した経験をもつ人は非常に少なくなっています。近現代美術を扱うミュージアムでは、展示と観客の距離が近く、また作品と観客の距離も近いのですが、どうしても日本の古美術の作品はガラスケースの中に展示されるので、親しみにくいのです。それに作品キャプションに漢字が多い。《河鍋暁斎筆龍虎図二曲一隻紙本金地墨画》なんて、どうやって読むのかもわからないし、紙に金色が貼ってあって墨で描かれているものなんだろうなあ、となんとなく想像している人が多い。専門用語が作品と観客の間のギャップをつくっています」（安村氏）

板橋区立美術館は、観客の古美術に対する態度から、情報の伝え方を考え、工夫を凝らしています。一九九五年「こどものためのびじゅつかん展」では、ふだん子どもたちがなかなか接することのない伝統的な日本美術を親しみやすくするため、学芸員の松岡希代子氏は、わかりにくい作品タイトルを思い切って「こども語」に翻訳したり、作品の古さをおばあさん（一〇〇年）、おじさん（五〇年）で視覚的にあらわしたり、屏風を露出展示するなどの思い切った試みをしています。

なかでも、古美術のタイトルを「こども語」に翻訳したのはおもしろい。先に述べた河鍋暁斎の《龍虎図》を「こども語」に翻訳すると、こんなふうになります。

《かわなべきょうさい　ドラゴンVS.タイガー　どちらがつよいか！　2つおりのびょうぶ紙の上に金をはって　その上にすみでかいた絵》

この後、館蔵品で構成された企画展でも、狩野典信の《大黒図》が《ドデカ大黒》、狩野秀頼の《酔李白》が《飲みすぎですよ李白先生》といった具合に、タイトルが「現代語」に翻訳されています。「古美術の場合、題名は作者がつけるものではありません。所有した人がどんなものかがわかるように箱に書いたのがそのまま題名になっているんです。作者が題名をつけるようになったのは明治以降。それ以前は所有者がどんな絵かということがわかれば良かったのです」(安村氏)。だったら、現代の観客がわかりやすい題名を美術館でつけなおせばよい、という発想です。学芸員が古美術をよく知るからこそできる既成概念の打破ですが、観客である私たちにとっては目からウロコの大発見でもあります。古美術の作品タイトルのつけられ方がわかるだけでな

板橋区立美術館の展示風景。大きな解説プレートが読みやすく配置されている。会場内にランダムに置かれた小さな人型にも注目したい。親しみやすさが増している。
下の写真は露出展示の風景

く、それが現代の言葉に変わるだけで、作品がぐんと身近になるのがわかります。

ii 誰に対して、何が情報になっていればいいのか

古美術の露出展示は作品保存の見地からはタブーとされています。板橋区立美術館はその後も露出展示を行っていますが、それはそもそも生活の中にあった作品を生活の中に再現して見せる、という意図があるからです。「最初は心配でした。でもやってみたらそれほど心配することもなかった」と安村氏。「もちろん重要文化財などではできませんが、露出展示ができそうなものだと判断できれば、学習用として展示してみるのも可能だと思います」。子どもは古美術も絵は絵として楽しむし、何が描いてあるのかということに興味をもつのであって、材質や技法などは気にしない。むしろ、子どもにつきそう「大人が問題」と言う安村氏の指摘は、大人と子どもの学習への態度の違いを如実に表しているようです。古美術の鑑賞態度を見ると、大人は何を描いているのかを見るよりも、何の時代の誰が描いたのか、その画家はどういう人なのかを知ろうとするのだという。そうした情報が少ないと、「子どもに聞かれたときにわからないと恥ずかしいし、わざわざ人に聞くのも面倒くさいので、絵を楽しもうとしない」のだと安村氏は指摘しています。親子で来る人々に対しては、親が子どもの興味に応えられるようにする、というのは大事な視点だと思います。

安村氏はまた、「美術館が楽しい場所であること、美術館が面白い所だと何度も何度も繰り返し一般客にアピールしない限り、日本人の生活の中に美術館へ行く、という行動が日常的に組み込まれることはないだろう」(安村敏信『美術館商売』)と述べています。この考え方をベースにして、美術好きの人ではなく、「何も知らない人がどこがわかりにくいのか、何がおもしろいのか」ということを考えているのだそうです。この根底

には、「美術の専門家が常識だと思っていることは、一般の人々にとっての常識ではない」という安村氏の確信があります。リチャード・ソール・ワーマンもまた同じように、情報を編集する側は、「理解できない、ということをまず理解すること」が必要だと繰り返し述べています。この理解のギャップを埋める方法をそれ相応に考えていく必要があるのです。板橋区立美術館はユニークな展覧会企画や展示方法、学習プログラムで知られていますが、「あの世の情景展」では地獄の雰囲気を展示でつくったり、古美術に親しむ「親子で楽しむ古美術」という古美術のイロハを伝える絵本のような入門カタログをつくったり、展示は「ここでしか体験できないこと」、カタログには論文や専門的なアプローチを組み込むなど、いずれも「楽しく学ぶ」という信念が貫かれ、学びの段階に応じて臨機応変に情報を提供しています。

楽しむと学ぶがイコールになるということはむずかしいことかもしれません。知的な遊びに誘う場所であることが、ミュージアムがアミューズメントパークと違うところではないでしょうか。生涯学習においては、子どもを対象とするだけでなく、大人と子どもが一緒のとき、大人だけのときなど、学ぶ人々の学び方は異なるということに留意し、〈なにが〉〈どういう人にとって〉〈どのような〉情報となっていればいいかということをつねに考えなければならないことでしょう。

③ワークショップ

ミュージアムにおける学習プログラムの可能性は大きく広がっています。展覧会自体を楽しむこともさりながら、制作や技法を知りたい人、鑑賞のコツを知りたい人、創造力を高めたい人などなど、人々の学習目的はさまざまです。ここでは学びの方法として注目が集まっている「ワークショップ」について考えてみましょう。

i　ワークショップって何だ？

「ワークショップ」という言葉を聞いたことがある人は多いでしょう。ミュージアムの学習プログラムの中で、ワークショップは近年、とても増えています。でも実は知っているようでよくわからないのではないでしょうか。

ワークショップ（workshop）という言葉はそもそも「作業場」という意味ですが、ブリタニカ国際大百科事典（電子辞書対応小項目版）には、「美術、演劇、映画などさまざまな芸術の分野で、具体的な技術を学ぶ集まりやセミナーをいう。通常は、その技術を習得した芸術家が若手の指導にあたるが、一回の場合もあれば、連続して行われることもある。特に演劇においては、一九六〇年代以降集団創作が盛んになり、ワークショップから発展して、実際の上演にいたることも多くなった。その場合、ワークショップをリハーサルの一形態とみなすこともできる」と書いてあります。

たしかにその通りなのですが、それだけではありません。現代社会の中で行われているワークショップを見ると、ワークショップの目的も方法も非常に多彩で、社会のさまざまな場所で、さまざまな目的で、さまざまな方法で行われていることがわかります。社会教育、環境教育、まちづくり、美術館教育、メディア教育、ビジネスの現場で、新しい価値の発見や創造性を高める「新しい学びの場」として位置づけられているのです。

ワークショップは、「講義など一方的な知識伝達のスタイルではなく、参加者自ら参加体験して共同で何かを学びあったり創りだしたりする学びと創造のスタイル」（中野民夫『ワークショップ』）と言われます。

ワークショップがユニークなのは、多方向コミュニケーションをもつ学習方法だということです。ウェブサイトもインタラクティヴ（双方向）ですが、基本的にモニターに相対する学習者はひとりです。一方、ワークショップでは多対多のコミュニケーションの中で行われます。

この多対多のコミュニケーションを統括するのが、ファシリテーターと呼ばれる人です。ファシリテーターは〈教師〉ではありません。教師は一対多の学習、たとえばセミナーや講演会のスタイルです。一方、ファシリテーション（facilitation）は、意思疎通を起こりやすくすることで、ファシリテーターは、ワークショップの運営を行う人というくらいの意味です。つまり、教えるのではなく、学びを促進させる役目を負います。

ワークショップでは、「教える－学ぶ」という固定した関係ではなく、ファシリテーターも含めて参加者全体がテーマや課題に関わり、なんらかのかたち（言葉や描画や身体表現など）に表し、自分や他人と相互交流の中で自らの体験をさらし、そして再びその行為全体を振り返る、という一連のプロセスをもっています。この「つくって、さらして、振り返る」というプロセスを繰り返すことで、学ぶ側も教える側にも、それぞれの主体的な「気づき」や「発見」が誘発されるという、一方的な講義では得られない、体験・体感を通じた学びが生まれるのが特徴です。

ii 学びを〈引き出す〉

先にワークショップはさまざまな場で行われていると書きました。中野氏の『ワークショップ』では、現在行われているワークショップの数々を、ジャンル別に「アート系」「まちづくり系」「社会変革系」「自然・環境系」「教育・学習系」「精神世界系」「統合系」と七つに分けていますが、学習者の側から再分類してみたのが次の四つです。

「自己啓発系」

「身体解放系・身体表現系」
「社会的合意形成系」
「創造力開発系」

「自己啓発系」は、自分や他人、あるいは社会に対する新しい見方を獲得するもので、ワークショップに参加した人々の生活や考え方の変革を促すもの。たとえば、中野民夫氏の「トーキング・スティック」は、円陣を組んだ中央に棒があり、「話したい人は、スティックを持って心をこめて話す」「他の人は全身全霊をもってその人の話に耳を傾ける」という、ただそれだけのシンプルなワークショップでした。言葉を深く聞く、という場づくりがこれにあたるでしょう。

「身体解放系・身体表現系」は、個人の身体能力を意識的に変革させるというもの。身体を動かし、筋肉の動きや身体の動きを知るというシンプルなものや、テーマに沿って身体を動かす舞踏やダンス、演劇のワークショップなどがこれにあたります。

「社会的合意形成系」は、まちづくりや地域開発などといった社会的な合意形成が必要な局面で、行政や地域住民・企業が課題や問題意識を共有し、その解決に向けて意識を共有するという側面を強くもっています。

そして、「創造力開発系」が、先に述べた百科事典の定義に連なるものですが、ヴァーチュアルサイトの項で述べたリテラシーの形成に関わるアクティヴィティとも関連しています。創造力を伸ばすワークショップは、必ずしも作品を制作するということに限りません。「ヤング・テイト」のように展覧会というシステムを理解して組み上げることもそのひとつですし、ＣＡＭＰ（Children's Art Museum and Park）が行っているプログラムもそうです。そのプログラムで、米国のマサチューセッツ工科大学（ＭＩＴ）が開発した小型コンピュータ

「クリケット」を使って、コンピュータや家電製品が作動する仕組みを経験させることで「なんでもつくれる」という感覚を実感させています。

「創造力開発系」のワークショップは、技法を中心とした「特殊技能の取得のための訓練」とよく考えられがちなのですが、むしろ次の三点を獲得することに重点が置かれます。

・システムやプロセスを理解してリテラシーをもつこと
・新しい視点（気づき）をもつこと
・発想や表現の柔軟性をもつこと

これは子どもでも大人でも同様です。ワークショップには最終的な目標はありません。むしろ、参加者が自分の体験をさらし、人の体験を見聞してふたたび自分の中にフィードバックさせていくというプロセスです。ワークショップで重要なのは、学びを促進させるための計画づくりと、参加者から出てくる予想外のものにも対応できるフレキシビリティです。ワークショップは、参加者からの自発的な表現が重視されるため、参加者から計画にそわないものが出てきたとしても、それを型にはめるようなことはしてはならないものです。ワークショップの場で生まれるものに否定的であったり、常識で判断して批判したりすることをせず、気づきの道筋をたてることが重視されています。そのためにファシリテーターがおり、あくまでも学びを引き出す道筋をたてることが目標です。

私自身の経験からいうと、子どもは学ぶことに抵抗がありません。子どもの学びは成長そのものです。一方、大人になってからの学びには工夫がいります。ワークショップのプロセスは、それまで蓄積してきたさまざまな知識を外側にさらすと同時に他人の体験を知り、凝り固まった考え方を解きほぐし、新たな眼で社会や自分を見られる視点を自身の中に引き出すことだといえるでしょう。ビジネスの現場でも、近年、「創造力開発系」のワークショップが導入されている場合も多くなってきました。ここでは詳しくは述べませんが、大人の潜在的な創造力を伸ばすためのファシリテーションは、今後ますます重要になると思われます。

ワークショップにとってはものをつくるということは付随的なことではあるのですが、自分の考えや体験をなんらかのかたちで表現するということは、学びを生じさせるための大きな役割を果たすことが多いようです。作品とはいえないまでも、なんらかのかたちを表現して、表現までの思考プロセスを見直すことで、柔軟な思考力と表現力のきっかけを見いだすことができるのです。そのためにワークショップのやり方は千差万別ですし、実行したあとに、参加者も実行者もそこで何が起きたのかを「振り返る」必要があります。「つくって、さらして、振り返る」という流れは、新しい視点への気づきを放置せず、みなで確認し合い、記憶に残して次につなげるためのプロセスなのです。

iii　学びのツール

ワークショップを知るためには、いくつかのワークショップに参加してみるとよいでしょう。私の経験で印象的だったのは、プランニング・ディレクターでリビングワールドを主宰する西村佳哲《にしむらよしあき》氏による「スパゲティ・キャンチレバー」というワークショップでした。これは、乾麺のスパゲティとセロテープだけ使って、テーブルの端から床に接触せずにどれだけ長く伸ばすことができるか、という難問に参加者がペアになって取り組むというもので、デザイナーや美大生に対して行われているワークショップです。限られた材料と二〇分という時間の中で、どうやって最適な問題解決をクリエイティヴに行うかという課題は、デザインという行為の本質をついたものです。ペアでの作業なので必然的に作業が分担され、試行錯誤しながら制作する間、コミュニケーションをとりつづけなければできあがりません。最後に伸ばした長さが測定され、一番遠くまで、スパゲティを長く伸ばしたグループが勝ちです。長さの差ですから出来不出来は一目瞭然。他人の発想に感心する一方、自分たちのプロセスを振り返り、こうすればよかったかもしれない、ああすればもっとうまくできたかもしれないと考えていくわけで、そうした振り返りによって、自分の役割の発見や制作に対する視点を新たにすることができました。

苅宿《かりやど》俊文《としぶみ》氏による子どものためのワークショップは、「脳の鍵」というコンピュータのお絵描きソフトを使ったものです。このソフトは、自分の描く絵ができあがるプロセスを記録していくというもので、そのときどきに子どもたちが感じたままに描く軌跡が残っていきます。ひとりで絵を描くというときの無意識の一部を意識化させ、視覚化させることで、子どもたちは自己発見や自己理解をすることにつながっているようです。

このように、学びを〈引き出す〉ためのツールを使う場合も少なくありません。ミュージアムにおいては、収蔵品やスペースを活用することには意味があります。既存の学習ツールがない場合は、オリジナルをつくることもあります。

たとえば、栃木県宇都宮市にある宇都宮美術館では、歴史的に貴重な椅子や電化製品、日用品、雑誌や書籍などのデザイン作品を収蔵しています。生活の中から失われた古美術とは逆に、デザインは日常生活の中で使われるものですが、学校教育の中では古美術同様、デザインについて割かれる時間はほとんどありません。電化製品や家具、印刷物などの製品が、どのような歴史を経て現代生活に結びついているのかを学ぶ機会も学校教育では少ないのです。そこで宇都宮美術館では、館蔵品を題材にして、「deli.」という名称をもつデザインを学ぶオリジナルなツールキットをつくりました。

「deli.」は、「デザイン教育」(design education) と「学習アイテム」(learning item) の頭文字をとったもので、宇都宮美術館内に限定されず、他の施設、小・中学校から生涯学習の現場までデリヴァリー (出前) され、あらゆる年齢の人々が少人数でも多人数でも取り組めるように設計されています。さまざまなデザインのジャンルにおける、ものづくりの思想・思考方法や生産方式、消費社会やライフスタイルのあり方などに対する自然な興味を喚起し、近・現代デザインを体験的に学べるような工夫がされています。このツールキットは、宇都宮美術館のコレクション中の二八点のデザイン作品からなり、カード式パンフレット「ワークシート&テキスト編」と、これらを素材とした八種類の教材「キット編」とで構成されています。「ワークシート&テキスト編」のパンフレットは作品ごとに切り離すことができる独立したワークシートで、ひとり (独習)、ふたり (対話)、複数 (グループ学習)、不特定多数 (コミュニケーション) の手がかりとなるように工夫されています。一方の「キット編」は、「着る」「坐る」「食べる」「使う」「見る」「遊ぶ」「識る」「伝える」からなり、日常生活の中でデザインが果たす役割を知ることができるようなつくりになっています。「坐る」のキットのひとつを例にとると (次頁参照)、オランダの建築家で家具デザイナーのヘリット・トーマス・リートフェルトの「レッド&ブルー・チェア」という作品が、縮尺二分の一でバラバラになった状態で箱の中に入っています。この模型を組み立てたり分解したりすることで、造形の考え方や人間とものとの関係がなんとなくわかってきます。ただ外から鑑賞するだけではよく理解できない構造や作り方も、ものと直に接することで見えてくるということが実感されるのです。

このツールキットは宇都宮美術館が企画し、武蔵野美術大学の学生が参加してつくったものです。どのよう

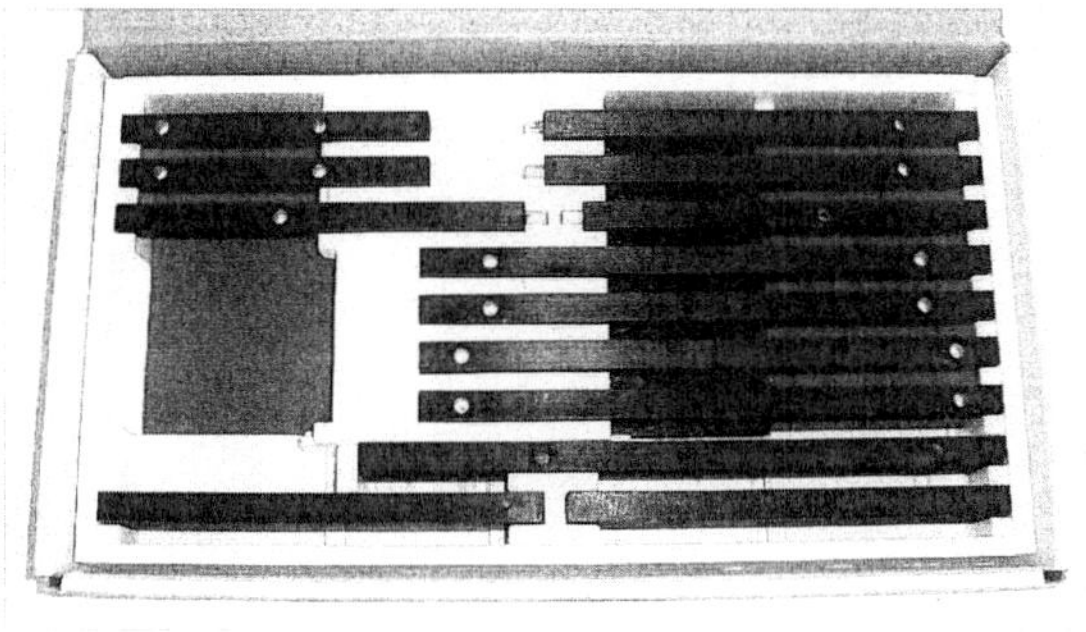

kit 2　坐る
縮尺2分の1の椅子模型
家具の素材と構造を学ぶ

簡素で使いやすい木工椅子——部材の数、大きさ、かたちをくらべて見ましょう。部材と部材はどのようにつながっているのでしょうか。丈夫で値段の安い金属パイプ椅子——部材をばらばらにすると、椅子はいったいどうなるのでしょうか。縮尺2分の1の模型を組み立てたり分解することで、モダン・インテリアの優れた造形性、人間工学、生産技術を学びます。

「坐る」のリートフェルトの椅子の概要と、キットが入った箱の中身（上）

宇都宮美術館「deli.」の「坐る」のキット編に入っている椅子の縮尺二分の一模型

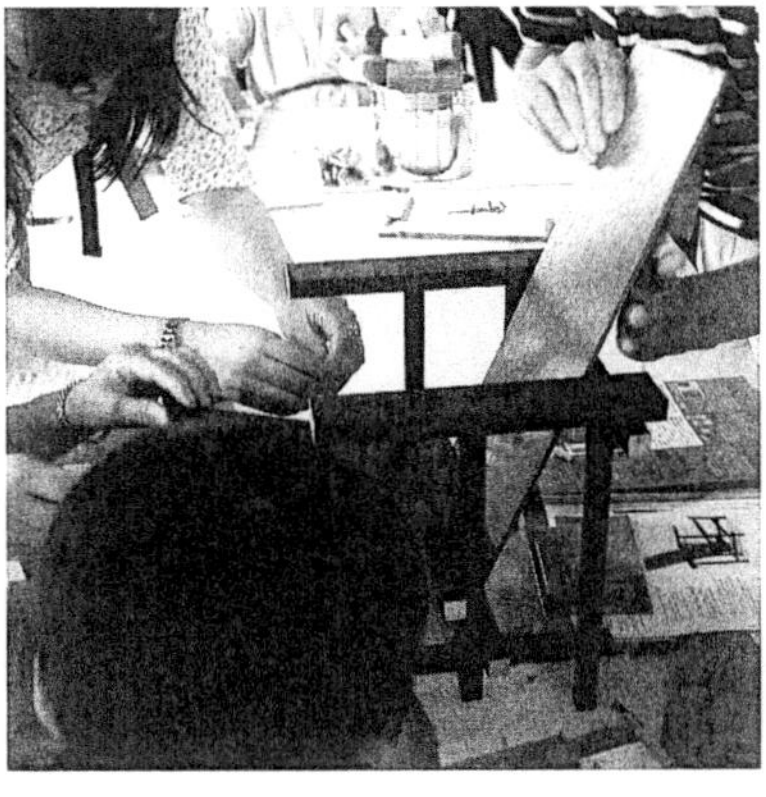

宇都宮美術館で開催されたワークショップの風景

にして人にわかりやすく学んでもらうことができるかという工夫は、これからもまだまだ開発していく余地があると思います。

（2） 学びは外を目指す

学びはつなげていくことにダイナミズムがあります。ミュージアムの中にあるものと外にあるものを結びつけることは、ミュージアムの存在が、学びのための情報センターとなっていくことにつながります。近年では、先にあげた、大学との共同研究や、地域の学校や幼稚園・保育園などとのつながり、地域の人々とのつながりなどを行っていく傾向が見られています。

ミュージアムは収蔵品の傾向から、あるいは地域における位置づけから、それぞれの性格づけが行われています。近年では収蔵品をもたないけれども、独自の企画で展示や学習プログラムなどを行う、新しいかたちの学習目的をもった施設も増えてきました。

イギリスのマンチェスターに「ＵＲＢＩＳ」というミュージアムがあります。「ＵＲＢＩＳ」とはラテン語で〈まち〉という意味です。実をいうと、サイトやパンフレットには「URBIS the city centre」とあり、ミュージアムとはどこにも書いてありません。とはいえ、情報を流すたんなるインフォメーションセンターではなく、都市に住む人々の体験や都市の文化、都市に住む人々と交流し、都市生活について学ぶというユニークな活動を行っている施設で、マンチェスターのシティ・カウンシルが設立し、運営をミレニアム・クオーター・トラストというNPOが行っています。

オペレーション・マネジャーのアレックス・キング氏は、「ここは都市に開かれたミュージアム」だと言います。設立されたのは、二〇〇二年。マンチェスターは産業革命に伴う都市化が最も早く進んだ、最初の工業都市ですが、産業の衰退とともに起こった長期的な不況で都市が荒《すさ》んだ時期がありました。八〇年代から街の再開発が進んでいましたが、一九九六年に街の中心街をテロによって破壊されたことをきっかけに、マンチェスターに住む人々の心と生活を考えながら都市開発をするという都市再生プロジェクトが進み、URBISは都市生活や都市文化を人々とともに学び育む施設として、ミレニアム・クオーターと呼ばれる再開発地区の一画に開設されました。一階にはカフェ、ショップ、地元テレビ局チャンネルMのスタジオがあり、二、三、四階はフリースペースで展示、イヴェント、学習プログラムを中心に多彩な活動を行っています。かつてこの施設は、テロの記憶を残し、都市計画の全貌を記すための常設展示をもっていましたが、思い切ってそれを取り払ったのは二〇〇七年のことで、キング氏はその理由を、「マンチェスターという都市を見せるためには、学術的に分析された都市ではなく、生きた都市文化を見せることが必要だから」だと言っています。

マンチェスターの中心街の一角にある「URBIS」

マンチェスターは、九〇年代はロックを中心とする音楽が盛んでしたし、マンチェスター・シティとマンチェスター・ユナイテッドという二大サッカーチームもあります。移民も多く、インド、中国、アフリカ系の住民も多い多民族都市でもあり、こうした都市の状況を気軽に学び合う場所としてURBISは考えられているのです。

展示は大小あわせてつねに六、七つほど行われていますが、展示活動もワークショップなどの活動も、すべてのアクティヴィティが並列に行われているという印象が強く、たとえば「香港の中の英国、英国の中の中国」という視点での展示、地元の人やビジネスマン、ホームレス、学生などを対象とした都市ツアーの開催、ホームレスとともに近くの教会で街の歴史を語り合ったり、失業者家庭の割合が多い小学校の児童を対象とした、仕事の楽しさを体験するワークショップなど、街のもつさまざまな側面を学ぶという一点でアートや音楽、ファッション、デザイン、文学などを手法として用いながら、社会と人のつながりを学べるように工夫されています。

「ここに来てほしい人は、若い人や移民の人、ひとりで子育てをしている人や貧乏な人たち。どこにも行くところのない人たちのつながりをつくる場所にしていきたい」とキング氏は言います。職員も若いボランティアで構成され、人々への対応も実に軽やか。じっくりと展示を見るのではなく二〇〜三〇分くらいふらりと留まってくれるくらいでもよいので、大きな展示より小さなインスタレーションを大切にし、「(ほかのミュージアムとは)違った味わい方を強調したい」と考えているそうです。「まだ始まったばかりで、試行錯誤ばかり。前例のない施設なので考えながら活動しているという感じです」と言いつつ、他国の都市との共同プログラムも企画されており、今後の活動の広がりが他国からも期待されている様子です。

ロンドンでは、「オープンハウス・ロンドン」というＮＰＯの活動もあります。これは、ＮＰＯが選んだ建築を、九月の一週間だけ、「建築を見るために」入場させてもらうという活動です。一九九二年に三〇件からはじまり、現在では六〇〇件もの建築を見学することができるといいます。この目的は、建築を通じて建築を教育していくことで、「有名だから見るというのではなく、建築の質がよいというのが最も大切だ」と、発案者でディレクターのヴィクトリア・スロントン氏は言います。「建築というのはいままでわからなかったことや知らなかったことも教えてくれて、ロンドンに住んでいても行かない場所や知らない場所に行くよい機会になる。観光ではなく、ロンドンの人たちのために、ロンドンの人たちが自分たちの街を取り戻して、自分たちの教育の一部として使う機会」（スロントン氏）なのです。「OPEN HOUSE Learning」というプログラムでは、学校を通じて、「Junior OPEN HOUSE」も行っており、これらを通して、建築のプロセスを学ぶことをワークショップを通じて子どもたちに教えています。また、建物のオーナーや学校のプログラムをつくる人たち、プランニングを決める行政担当者など、建築には不案内な人々への教育も行っています。こうすることによって、施主と建築家がきちんと話ができ、良いデザインのものがつくれるようにすることが大事だと考えているのだそうです。

おわりに

生涯教育を提唱したラングランは、「情報化社会の中では、数ある情報の中で何を信じればよいのかを、ひとりひとりが選択し、獲得していかなければならない」と一九六〇年代にすでに述べています。それはそれぞれの個人が情報を自分なりに編集して知識にしていくということでもあります。情報を発信するメディアの側は、確実な情報を開示し、人々が情報にアクセスしやすいように編集していく工夫が必要とされているのです。

学びのきっかけはどこにでもあります。ミュージアムにはそのきっかけがたくさんあります。それを人々が適切に利用できるようにするためにミュージアムはメディアとして情報の提供をするだけでなく、人々の学びがつながっていけるような体験の提供を行っていくことが期待されているのです。

参考文献

「特集──テイト・ギャラリーとイギリス美術」『BT／美術手帖』一九九八年二月号、美術出版社

菅谷明子『メディア・リテラシー──世界の現場から』岩波新書、二〇〇〇年

リチャード・ソール・ワーマン『それは「情報」ではない。──無情報爆発時代を生き抜くためのコミュニケーション・デザイン』金井哲夫訳、エムディエヌコーポレーション、二〇〇一年

山内祐平『デジタル社会のリテラシー──「学びのコミュニティ」をデザインする』岩波書店、二〇〇三年

安村敏信『美術館商売──美術なんて…と思う前に』勉誠出版、二〇〇四年

中野民夫『ワークショップ──新しい学びと創造の場』岩波新書、二〇〇一年

中西紹一編著『ワークショップ──偶然をデザインする技術』紫牟田伸子・松田朋春・宮脇靖典共著、宣伝会議、二〇〇六年

参考ウェブサイト（登場順）

Tate Online　http://www.tate.org.uk/

Tate Liverpool　http://www.tate.org.uk/liverpool/

板橋区立美術館　http://www.city.itabashi.tokyo.jp/art/

全国教育系ワークショップフォーラム　http://skunkworks.jp/wsf/

CAMP　http://www.camp-k.com/

リビングワールド　http://www.livingworld.net/

宇都宮美術館　http://u-moa.jp/jp/index.html

URBIS　http://www.urbis.org.uk/

OPEN HOUSE LONDON　http://www.londonopenhouse.org/

Ⅲ　生涯学習の先達に学ぶ

神野善治／仲野泰生

1　赭鞭一撻――青年牧野富太郎の学習設計十五か条

神野善治

牧野富太郎（一八六二〔文久二〕～一九五七〔昭和三十二〕）は、日本における近代的な植物学の草創期を担った学者であり、「植物図鑑」というものをわが国ではじめて完成させた人物です。郷里の高知には県立牧野植物園があり、近年展示施設も充実して彼の業績を知ることができます。歴史に残る偉業をなしとげた背景にどのようなモチベーションが働いていたのか。どのようにエネルギーを燃やしたのか。彼の学問がいかに形成され、その学習意欲が九十五歳の高齢で亡くなる直前までいかに持続したのか。いわば彼の生涯学習を支えたものが何かを知りたいと思っていたところ、その手がかりになる恰好《かっこう》の文章があることを知りました。それは、彼が二十歳前後、まだ郷里高知の佐川という町にいたころ記した「赭鞭一撻《しゃべんいったつ》」と題した文章です。牧野青年は、このころすでに植物学を志していましたが、そのための「勉強心得」「学習設計」とでもいうべき事項を十五か条にまとめています。

まず、その難しい「赭鞭一撻」という題名についてすこし解説しておきます。「赭鞭」とは「赤い鞭」という意味で、中国で「医薬」を広めたという伝説上の皇帝のひとりである「神農」が持った鞭のこと。「神農」は人身牛首（頭に牛の角を戴いた）の恐ろしい姿をしていて、木の葉の衣をまとい、野山に分け入って、この鞭で百草を「一撻する」、つまり鞭打ち、嘗《な》めつつ薬草の類を発見して歩いたというのです。そして民に医薬を広め、耕作を教えるなど多くの恵みを与えたとされます。つまり「赭鞭一撻」は神農氏が野山を跋扈《ばっこ》し草木を探索するさまを表現した言葉だったのです。「神農」の伝説と信仰は日本にも伝わり、「神農さん」と親しみを込めて呼ばれて、医師や薬種商などの守り神として祭られ、たとえば大阪の漢方を扱う商人の町などにはその祠《ほこら》や祭りが今も続けられています。牧野富太郎は、植物を求めて野山を探索して歩き、植物学を究めようとする自らの姿をこの「神農氏」になぞらえたのでしょう。自らに鞭打つつもりで、この文章の表題としたと思われます。その十五か条とは次のようなものですが、それぞれの内容もかなり難解な文章なので、まずは項目だけを並べ、そのあとに私なりに現代文に読み解いて内容を説明します。なお本文は『牧野富太郎自叙伝』(長嶋書房、一九五六年。講談社学術文庫、二〇〇四年)を参照しました。

「赭鞭一撻」(結網子稿《けつもうしこう》)もくじ

一、忍耐を要す
二、精密を要す
三、草木の博覧を要す
四、書籍の博覧を要す
五、植学に関係する学科は皆学ぶを要す
六、洋書を講ずるを要す
七、当《まさ》に画図を引くを学ぶべし

八、宜《よろ》しく師を要すべし
九、吝財者《りんざいしゃ》は植学者たるを得ず
十、跋渉《ばっしょう》の労を厭《いと》うなかれ
十一、植物園を有するを要す
十二、博く交《まじわり》を同志に結ぶべし
十三、邇言《じげん》を察するを要す
十四、書を家とせずして友とすべし
十五、造物主あるを信ずるなかれ

一、忍耐を要す

最初の心構えとしは「堅く忍び、困難に屈しない心が何より大事で、わが植物学においても、このことを基本にしないと、ひとつも得るところがない。阻む心を去り、ねばり強く耐える心を持つ者が、その仕事で功をなすことができる」と述べます。つまり、「持久戦」「長期戦」で行こうと宣言しているのです。武蔵野美術大学で教鞭をとった宮本常一《みやもとつねいち》教授が、つねづね学生たちに「自分のテーマを持ちなさい」、そして「一〇年は継続するように」と力説していたことを思い出します。「そうすれば自《おの》ずとその道の専門家として一人立ちできるようになる」と。私などもその言葉を真に受けて、こつこつ資料集めをして、二〇年以上考え続けて、ひとつのテーマでやや大きな本をまとめることができました。同様に当時の学生たちが近年次々に著作をまとめています。あわてずに、大きな志を形にしましょう。

二、精密を要す

「周密、詳細にこだわり続けなさい。解剖（観察）、試験（実験）、比較、記載のいずれの作業においても、百のことがあれば、一つでも納得のいかないことや、よく説明できないことがあったらそのままにしてはいけない。これをいい加減にしないで、集中して観察すれば必ず明瞭になる」という内容で、特有の緻密さ・徹底主義が表明されています。ここでは「心の精」と「事の精」という言葉が出てきますが、すべて「得心がいくよう」「言葉で説明できるよう」にせよといっているように思えます。後に出版された牧野の『植物図鑑』の緻密さ、徹底主義の根底にこの心がけが見られます。

三、草木の博覧を要す

「資料は多量に観察することが重要で、広く見ていないと偏りが生じ、ついには重要な判断をあやまる。これまで要点の発見ができなかったのは、この学問の病であり、それは博覧ということをしないためである」。

つまり、ここでは資料を多量に観察することを提唱し、すこしの材料で判断することを戒めています。学問を究めようとしたら、そのテーマに関わる資料を広く観察しなさい、基礎データの質と量が十分でないと、偏見も持つし、他人が真似のできないぐらいの膨大なデータから重要な発見ができるのだとしています。

二十歳頃の牧野富太郎

四、書籍の博覧を要す

ここでは、既存の研究を基礎として学ぶべきだと述べており、書籍は古今東西の学者の研究の結実だから、たとえ軽い読み物であっても、出来うる限り読みあさること。その分野の専門家になろうとするならば、これを惜しんではならない、としています。自己学習を進めるうえで、このことはとても重要です。その分野で従来は何が議論されているかをかえりみることなく、つまり、既存の学術的な蓄積を学ぶことなく、興味にまかせて自己流の探求を展開する人が、いわゆる「おたく」だと私などは定義しています。自閉的な学習にならないようにこころがけること。それには広く本を読むことが必須です。

五、植学に関係する学科は皆学ぶを要す

「物理学・化学・動物学・地理学・天文学・解剖学・農学・画学、これらは皆、植物学に関係している。数学や文章学はもちろんだ」。つまり、化学なら光合成のこと、動物学なら昆虫や動物の食性、地理学なら気候や地勢と植物、農学は有用植物のこと、画学はもちろん図鑑に植物画を描くこと、その説明文や普及のための文章学など、ひとつの学問を究めるといっても、馬車馬のように目的地へ向かって前しか見ていないような探求をすることを戒めています。これも卓見で、今日的に見れば「学際性」を問題にしているわけで、その分野で蓄積されてきた見方だけに浸っていると、決してユニークな視点、発見は生まれてこないものです。

六、洋書を講ずるを要す

世の中が西洋文明を取り入れようと躍起になっていた明治初年の段階としては当然ながら、牧野も次のよう

に述べます。「洋書のすぐれた諸説は詳細緻密で、日本人や中国人のそれよりも遥かに進んでいるので、洋書を講読しなくてはならない」と。しかし、「それは現在の時点においてそうであって、永久にそうではない」として、やがてはわれわれがそれを追い越すのだという意欲が示されます。

七、当に画図を引くを学ぶべし

「文章だけでは、未だその状態を模し尽くすことはできない。その点、図画があれば一目にしてその微妙なところを精好に示すことができる。ゆえに図を描くことの必要性はこの学問にとってははなはだ大きい。したがって植物学者は自ら図を製作できないとそのたびに他人に頼んで描いてもらわなくてはならない。これは大いに損失である。自ら描けず、文もまずかったら、どうやって薀蓄《うんちく》を表明できるだろうか。自ら図画を描ければ、一木を得たらこれを模し、一草を得たらこれを写して、他人の手を借りずにすぐれた文章で説明すれば、あたかも水晶のお盆に水を注いだように、明瞭にその詳細を明らかにして、薀蓄を表明することが容易となる。これができない者と比較したら雲泥の差がでることは一目瞭然だ」と自ら観察して描き、自らの文章で記録することを重視しています。言い換えれば、自分の資料は自分で資料化するという技法を確立したいとする意志が示されています。かなりここの部分を、くどくどと強調しています。

「学問の成果を発表する際に、植物の形状、生態を観察するために最も適した画図の技法を学ぼう。他人に描いてもらうのと、自分で描くのとは雲泥の差がある。それに加えて練られた文章の力を借りてこそ、植物についで細かくはっきりと伝えられる」

八、宜しく師を要すべし

「書籍だけでは疑問を解くことができない。それならば師についてそれを問う以外に道はない。その師というのも必ず一人ではだめで、自分よりも先にその分野を進む者であれば、年齢の上下は関係なく、みな師と仰ぐべきである。自分より年下の者から聞くのを恥じるようでは、どうして、その疑問を解くことはできるだろうか。死んでもなお解けないだろう」

自学の極意がここにあるように思います。やはり先人に学ぶべし。しかも生きた師に問うことが必要だといいます。そのときに先に進む者であれば、謙虚に教えを乞う姿勢を保つこと。学問をするには腰を低くして謙虚な態度が重要だとしています。ある程度の功をなしとげたあとでも、このことが持続できるかどうかも大切でしょう。

九、吝財者は植学者たるを得ず

「吝財者《りんざいしゃ》」すなわち「けち」であっては植物学者になれないといっています。「書籍を買うにも、(顕微鏡のような)器械を買うにも金が要る。学問をすすめるために必要なものは、みな経費がかかるが、そのときにけちけちしていては植物学者になることはできない」。こと学習に関しては、自分への投資を惜しむようではだめですよということです。牧野を含めて、学者の多くはこのために貧乏をしますが……。

十、跋渉の労を厭うなかれ

ここでいう「跋渉《ばっしょう》」とは、野山を歩き回ること、つまりフィールドワークのことでしょう。これを嫌ってはこの志は果たせないことを強調しています。

「高い山や岡に登り、海や川を渡ることを嫌わず、深く森林に分け入り、原野を巡ることは、この学問に従事する者には必須のことであり、つとめてこれを行うべきであり、そのことで新種の花を発見し、その土地ならではの植物を知り、植物固有の生態を理解することができる」。つまり、フィールドワークの重要性を述べたものです。自らの目で見出し、自らの手で獲得した資料に基づいて考えること、そしてその資料を得られた環境を含めて理解することで、ひらめくアイデアの信憑性《しんぴょうせい》はいちだんと高まる。このことは知的活動、学問一般に共通する指摘ですね。

十一、植物園を有するを要す

「遠隔の地の珍しい植物を手に入れたときには、これを栽培して観察すべきであり、鑑賞用の草木も自生するものではないから、なおさら栽培をしなければならない。山地沼沢の草木を栽培して、後日に考察するときのために備える必要がある。植物学を修めようとする者は、大小を問わず植物園を設置することが必要で、そのための機材を揃えることももちろん必要だ」

二十歳のこの段階で牧野が自分の植物園を作ろうと提案していることが注目されます。後に「牧野植物園」が実現しますね。学問における実物資料の重要性は、改めて述べるまでもありませんが、実物資料の蓄積の場である「博物館」の重要性も同じことで、「学芸員の学習」「博物館学習」の意義をここに読み取ることができるでしょう。

十二、博く交を同志に結ぶべし

植物を学ぶ人を求めて友人にしようという提案です。「道が遠い近いも、山河でへだてられていようと、志を同じくする者があれば、年齢の上下に関わりなく交流をもって、お互いに持てる知識を交換すれば、その益するところは大きいはずであり、知識が偏ることを防ぎ、『博覧の君子』となることができるだろう」。これは牧野による植物学の学会創設、草木に関する友の会の結成につながっています。

私たちも特定のテーマについて関心を深め、自ら新しい資料や考え方を持つことができるならば、ぜひ、その分野の「学会」に参加しましょう。きわめてアカデミックな学会もあれば、気楽な同好会までいろいろな集まりがあるでしょう。会報の刊行や、年に一度の会合でひろく同好の士と友達になることができます。最近ではインターネット上で特定分野の情報のやりとりをするグループもあり、海外のアソシエーションにインターネットを通じて入会することもできます。新しい分野を開拓すると、既存の学会やグループがありません。なかったら、牧野さんのように同志を求めて、会を結成すればいい。

十三、邇言を察するを要す

ここでは「学問に貴賤なし」ということが述べられます。「邇言《じげん》」とは「卑近なことば」つまり、身近なところで語られている普段の言葉ということです。「農夫・野人・樵人・漁夫」とか「婦女・小児」とかの言葉にも参考になることがはなはだ多い。植物の呼び名や薬効など、彼らの言うところを書きとめ、収録すれば、後日きっと役に立つに違いないとしています。「邇言を取るにたらないものと考えるのは私はおおいに快しとはしない」と。つまり、職業や男女、年齢の如何は、植物知識に関係はなく、「子供や女中や農夫らの言う、ちょっとした言葉を馬鹿にしてはならない」としています。実際、牧野は身近な人たちから、植物方言の意味を学ぶことが多かったようです。また、あとで紹介する南方熊楠《みなかたくまぐす》の学問も、この姿勢の低さが実によく似ています。

十四、書を家とせずして友とすべし

「書物は読まなければならない。書物を読まない者はひとつも通じるところがない。しかし、書物が説くところは必ずしも正しいわけではない。何が正しく、何が誤りかが分かっていない説を信じていてばかりいて、自らの心で考えないならば、その書物に安住するだけで終わり、後世に益するところとはならない」と力説しています。『書をもってわが家屋となす』ことの弊害をよく心に据えて書に向かいなさい。必ずしも書物が説くところが正確ではなく、すぐに従うべきものとはせずに、検討を重ね、正しいことが何かを得て、時には書物に従い、時には心に従ってそれを正すことが必要だ」としています。

書物の世界に安住すると、自分の学問を伸ばす可能性を失います。新しい発見や新説をたてることも不可能になるでしょう。既存の成果を批判し、誤りを正してこそ、学問の未来に利する。だから、書物（とその著者）は、自分と対等の立場にある友人であると思わなくてはならないというのですが、二十歳の牧野青年が、すでにここまで悟っていたことは驚きです。この批判精神は、おそらく、自ら自然の中を歩き、自然を教師として学んだ結果、自ら得た「事実」と書物に記されていることとは必ずしも一致しないことを実感していたからに違いありません。

十五、造物主あるを信ずるなかれ

そして最後に、ずいぶんと大胆なことをいっています。近代の日本だったからいえたということかもしれません。「造物主があると信ずる者は真理を探求することができない」というのです。「その真理が隠れて分からない事があると、それは不可思議なものだとして、みな神明の偉大なる摂理であると見なして検討をしない」。植物学においてもこのような徒があるのは恥ずべきことで、彼らは「真理への道を閉ざして、自分の知識の無さを覆い隠す」と、神秘主義を批判し、学問探求には有神論は有害だという意見を述べて終わっています。

晩年の邂逅

以上の文章は、二十歳前後の富太郎青年が、植物学者への道を志し、将来への指針を自らに課したものとなっています。牧野が歴史に残る偉業をなしとげたのは、根底にこのような大きな志があったからだといえるでしょう。それにしても、凡庸な私たちのような者からみれば、このような心がけを、若くして持ったこと自体が天才的に思えます。とても真似ができないなと。また、このようなことを、実行すれば、さぞ立派な成果が生み出されるに違いないだろうが、それを確実に実行し、かつ生涯にわたって持続することができないのが、一般の者の悲しさであって、こんな理想は、凡人には参考にはならないと思う人もあるでしょう。それですこし安心できるのは、長命だった牧野が、晩年になって青年時代のこの文章を取り上げて次のような「邂逅《かいこう》」を述べていることです。

「この一篇は私が年少時代に郷里の土佐高岡郡佐川町の自宅において、その当時私の抱いていた意見を書きつけもので『赭鞭一撻』と題してあった。これは今から六十六、七年前の明治十四、五年、私が二十歳ごろに書いたものである。そして今これを読んでみると、私は実に感慨にたえないものがある。当時、私は『飽食暖衣』別に何の不自由もなかったのであったから、時くれば必ずこの抱負をことごとく実行してみようと心ひそかに期待していたに相違ない。春風秋雨、半世紀以上をへた今日において、これを改めてみると、その中で『なんぼも』実績が挙がっていないのに驚く（一驚を喫する）のである」……「いたずらに歳月は矢のごとく過ぎて、今は全くの白頭になったが、その間何ひとつでかしたこともないので、この少年時代に書いた満々たる希望に対して、また忸怩《じくじ》たらざるをえない」……「今わざと一字一句も改竄《かいざん》せずに極めて拙文のままその全篇をあげて読者諸君の一粲《いっさん》に供えてみよう」……「それでも一度はこのような希望に燃えていた少年であったことを思いやってください」（前掲『牧野富太郎自叙伝』「余ガ年少時代ニ抱懐セシ意見」）

牧野は徹底的に謙遜しているように思えるし、正直な気持ちを語っているようにも感じられます。いずれにしても、右記のような志がなかったら、彼の一大事業はどれほども進まなかっただろうし、世の中に影響を残すことはなかったに違いありません。私たちとしては、なるべく若い時代に、スケールの大きな夢を持ちたいものだということと、生涯学習をするうえでの数々のヒントを牧野から与えられることで満足しなければならないでしょう。

なお、最後におまけのひとこと。牧野の「赭鞭一撻」の文章に添えられた「結網子」という筆者名は、牧野富太郎が使っていたペンネームですが、今流に読みかえると「ウェブさん」「インターネットさん」というような意味にならないでしょうか。広く同好の士と交流をして真実の追求を図った彼の視点が読み取れます。広く網を張って情報をキャッチしようとする蜘蛛《くも》の網が思い浮かびます。それにしても、なぜこんな先見性があったのだろうかと不思議に思えますね。

2　一切智の夢――南方熊楠の曼荼羅思考

神野善治

世界のミナカタ

ここで、もう一人「自学の天才」といえる人物を紹介します。知る人ぞ知る南方熊楠《みなかたくまぐす》です。幕末の一八六七（慶応三）年に紀州和歌山に生まれ、一九四一（昭和十六）年に没した博物学者。十九歳のときにアメリカ、イギリスに渡り、ロンドンでは大英博物館を根拠地として学んで、西欧の学者たちと対等に渡り合った豪傑です。生物学・民俗学・宗教学などの世界で独自の学問を築き上げました。植物学の牧野富太郎と同時代人ながら、またひと味もふた味も違う魅力にあふれた人物です。

熊楠に関する書物は多く刊行されていますが、その学問についてはじめて総括的にとらえたと定評のある鶴見和子の『南方熊楠――地球志向の比較学』、そして彼の英文論考にも目くばりして新しい研究成果を盛り込んだ松居竜五『南方熊楠　一切智の夢』、そして同じ鶴見和子の晩年の作『南方熊楠・萃点《すいてん》の思想』などを主なテキストにして、個性的な人生を送った熊楠の生涯を概観しながら、「独学」「自学」の達人として、彼の独創的な学問が形成された過程を、つまり彼がいかに「学んだか」を探ってみたいと思います。

熊楠の関心はきわめて広範囲に及びますが、生物学では生涯を通して菌類、地衣類《ちいるい》などという原始的な生物に注目し、生命の神秘に迫る探求に没頭しました。また、日本の民俗学の草創期に柳田國男と交流して影響を与え、多数の民俗学の論文を残しています。生物学・民俗学・宗教学などの諸テーマを追って、森羅万象の一切を知りたいと願い、物と心と事の世界の統合的理解をめざしたスケールの大きな思想家でもありました。その並外れた知識と豪放磊落《らいらく》な人物像、いくつもの言語を操ったという国際性から、欧米の世界からも日本に「ミナカタ」ありと一目置かれていたのですが、帰国後は熊野の地に隠棲し、山野を探索して歩く生活に徹し、中央のアカデミズムには背を向けていたため、同時代の日本ではあまり評価されていませんでした。明治政府の神社合祀《ごうし》策に反対し、神社の森を守るために今日の自然保護運動、エコロジーの先駆的な活動をして、一時投獄されたり、晩年には紀州白浜を訪ねた昭和天皇を案内して進講（講義）をしたりと逸話も多く、いわば伝説的な奇人として、その天才ぶりが多くの出版物で紹介され、漫画や映画にも紹介されてきました。

今日、彼の学問的成果が次第に問い直され、また「南方曼荼羅《まんだら》」と呼ばれるようになった独自の比較学の方法の先見性が見直されて、思想家としての現代性が高く評価されつつあります。

その魅力的な人物像とは別に、膨大な標本類と著述はいまだ公表されていないものが多く、熊楠の学問の全貌はまだ解明されていません。その底知れない蓄積が、今、熱心な研究者たちによって次第に明らかにされつつあります（熊楠研究編集委員会編『熊楠研究』南方熊楠顕彰会、一～八号など参照）。

少年期に獲得した「東洋の知」

南方熊楠の場合、その学問の基礎が幼少期に蓄積されていたことが重要です。幼少のころは両親から真言の教えを中心とした仏教の信仰を語り聞かされ、また近所で行われた寺子屋に通って神主、提灯屋の亭主、薬屋の隠居という旦那衆から「心学」の訓《おし》えを受けています。おそらく「正直」や「倹約」の大切さなど江戸庶民の哲学と倫理観を学んだのでしょう。熊楠少年は「毎日曜日、寒きもいとわず走り行きて聞きたり」「小生は一々おぼえて走り帰り、父母および叔父なるものらに語り聞かすを楽しみとせり」と。いかにも好奇心旺盛な利発な少年が、習い覚えたばかりの知識について目を輝かせながら親たちに語る姿が思い浮かべられます。それをうれしそうに受けとめた両親の顔も。

　のちに「歩くエンサイクロペディア」といわれた熊楠の超越した記憶力は、早くも七歳のころから鍛えられており、当時の国語辞典である『節用集』、実用事典『大雑書』や絵入り百科事典である『訓蒙図彙《きんもうずい》』などを筆写して覚えたといいます。さらに十二歳のころからは江戸時代の百科事典『和漢三才図会《わかんさんさいずえ》』（寺島良安編、一七一二（正徳二）年序）一〇五巻八一冊を三年がかりで写し覚えた逸話は有名です。現在、和歌山県白浜町にある「南方熊楠記念館」にはこの実物が展示され、子どもらしいけれど几帳面に書かれた筆跡と丁寧な挿絵の模写には感動させられます。このあと『本草綱目《ほんぞうこうもく》』『大和本草』『諸国名産図会』などを次々に書写していくのですが、少年時代にこのような江戸の博物学の体系を学んだことが、のちの大博物学者を育てる決定的な素養になったとみて間違いありません。しかも、この『和漢三才図会』が中国の『三才図会』を手本にして、「三才」すなわち「天・地・人」にわたる宇宙万物の「知の大系」を包括的に集積した江戸の博物誌の傑作だったことが重要です。明治維新後に学んだ日本人は圧倒的に流入してきた西洋文明に翻弄されますが、熊楠の場合はそれ以前に「東洋の知の大系」を文字通り「自家薬籠中」のものとしていました。このことがその後、熊楠がアメリカやイギリスに渡って学んだときに、決して劣等感を持たずに、独自の学問展開を可能にし、欧米の学者たちに受け入れられて対等に議論ができた原動力となったと思われます。

　熊楠は中学を卒業すると、東京に出て大学予備門（後の旧制第一高等学校、現在の東京大学の前身）に入学します。同期生に正岡子規や夏目漱石などがいましたが、熊楠は講義に興味を覚えず、欠席することが多く、図書館や博物館、動物園や植物園などで自学するのを楽しみとしたといいます。学問は好きだが、学校はきらい。その結果は中退しかありませんでした。

アメリカ滞在――学校の枠を超えて

熊楠は、すでに十六、七歳のころに植物学とりわけキノコ・粘菌などの「隠花植物」に興味を持ちます。その分野の世界的な権威イギリスのバークレイに、アメリカのカーチスという植物学者が集めた菌類（キノコなど）六〇〇〇点を送って調査を求めたことを知り、自分はそれ以上の七〇〇〇点の標本を採集することを決意しました。ライバルの存在を意識し、数値目標を立ててこれに迫るやり方が、その後も熊楠の研究活動の常道となります。後半生を過ごした熊野でも、日記に「今日は何点集めた」と日々の採集記録を連日のように記し、しかもその累積を数値で示して目標達成を意識していた様子が見られます。十九歳の時に渡米、このとき親友に「一大事業をなした後、天下の男といわれたい」と強い決意のほどを表明しています。

しかし、アメリカで最初に入学したサンフランシスコの商業学校では熊楠の望む勉学はできませんでした。ミシガン州立農学校に入学しなおしますが、そこではアメリカ人学生と乱闘騒ぎを起こしたり、寄宿舎で宴会騒ぎを起こしたりして責任をとり退学。続いて移住したアナーバーではもう大学には入らず、独り読書して、しきりに山野を歩いて植物採集をしていたといい

アメリカ留学中の南方熊楠

ます。そのころ、近代生物学の中興といわれるスイスの大博学者ゲスネル（ゲスナー）の伝記を読み自ら「日本のゲスネルとならん」と決意。その後フロリダに移り、中国商人の江聖聡の家に世話になり、採集活動に専念します。ここで知遇を得た日本人の世話でキューバ島のハバナに滞在し、なんとサーカス団に加わって象使いの手伝いなどしながら西インド諸島の各地を回って、珍しい菌類や地衣類などを採集しました。このあと一八九二（明治二十五）年八月かねて希望の渡英を決意し、九月にロンドンに向かいました。アメリカ滞在は六年間におよびましたが、複数の大学を中途退学のままイギリスに向かったことになります。

大英博物館での自己学習――書写という方法

ロンドンに到着した熊楠は、父親の死の便りを受け取り、経済的な裏づけを失うという厳しい現実に直面します。本人の望みは別として、大学に籍を置くことが許されなくなる。そういう何の資格もない外国人青年を迎え入れてくれたのが大英博物館だったのです。熊楠が「ブリチッシュ・ミュージュム」などと呼んで親しみ、世界の英知が集積された大英博物館。この博物館は医師で古物のコレクターであったハンス・スローンという人の遺志をもとに一七五三年に国立の施設として設立されました。はじめから図書を主要な資料としており、図書館と博物館の一体的な施設としての伝統を持っています。今日では図書部門が独立しましたが、博物館の中央に、かつての巨大な円形閲覧室（リーディングルーム）が象徴的に残されていて見学できます。ここに熊楠は通いつめ、ロンドン滞在中の学習拠点にします。そして彼の抜群の語学力と博識により、館のスタッフや多くの人々と交友が始まります。博物館の東洋関係文物の整理を依頼されたりして、特権的な利用者としての地位も得ることに成功しました。

また遊学中の孫文や真言宗学僧の土宜法竜《どぎほうりゅう》と知り合い意気投合して、帰国後も深い親交を結ぶことになります。熊楠は古今東西の書物を渉猟、とにかく読書と書写に明け暮れます。少年時代に『和漢三才図会』を書写したように、ここでも文献からひたすら抜き書きを続け、のちに「ロンドン抜書」と呼ばれるノート（一冊二五〇ページほどのもの）は八年間で五二冊になり、百科事典や探検記から英語、フランス語、イタリア語、スペイン語、ラテン語で抜き書きされた文字がびっしり埋まっています。「書き写して覚える」というのが「知のコレクター」といわれる熊楠一流の学習法でした。森羅万象に幅広い好奇心をいだいて、大英博物館に集積された文字通り万巻の書から写しとった膨大な抜き書きも、彼の著作と思考の基本資料となりました。

問答方式による学問形成

大英博物館で文献の書写を続けたころ、イギリスの科学雑誌『ネイチャー』にはじめて投稿した「東洋の星座」という原稿が高く評価されて熊楠は一躍有名になり、その後数多くの論文を発表します。そこで堪能な語学を武器にヨーロッパの学者たちと渡り合うことができたのです。雑誌における自由な討論形式の文章作成において、熊楠は独自の学問形成をしました。

『ネイチャー』には帰国後を含めて五〇編、イギリスの文学兼考古学雑誌『ノーツ・アンド・クィアリーズ』には帰国後を含めて三二三篇もの投稿をしています。後者は表題の通り、ノーツ（覚書）とクィアリーズ（質問）とその答えや資料で構成される問答形式の学術週刊誌で、創刊号の巻頭言には、私たちの生涯学習にも示唆を与えてくれる名言が記されています。

「カトル船長の金言『発見したときに書き留めておけ』をこの雑誌のモットーとする」とし、「発見するまでは、まず質問しよう」「すべての分野で活動し研究している人々が、思いついたときに思いついたことを、書き留めておかないと忘れてしまう。覚え書きのようなものでいいから、書いておこう。そして知らないことは、きいてみよう。知っていることは分かちあおう。なるべくちがった考えをぶつけあおう。そして将来論文や作品を書くときのアイデアや知識を発酵させる場所にしよう」と述べています。こんな雑誌が今もぜひ欲しいものだと思われます。

熊楠はこんな自由で楽しい学習法があることを体験しました。まるで一種のゲームのように議論を戦わせ、学問を楽しむ手法です。これが異国にあった熊楠には、言語のトレーニングにもなったはずです。

このような討論形式は、いつでも、誰でも、飛び入りが可能なものでしたから、今日の生涯学習の理念とも合致する学習、研究方式だったといえます。好奇心をお互いに刺激しあう一種の知的な遊びの場でもあったわけです。この問答形式の知的ゲームから熊楠が学んだことは計り知れません。当時のイギリスはビクトリア女王朝最後の自然科学や人文・社会科学の輝かしい発展期にありました。そのロンドンという舞台で熊楠が劣等感をもたずに対等の立場で学問上の論争に参加できたことは、当時の日本人にとっては稀有《けう》な体験だったといえるのではないでしょうか。

しかし、熊楠は大英博物館のリーディングルームで東洋人を侮蔑するイギリス人への殴打事件を二度も引き起こして、ついに追放され、帰国の決意を余儀なくされます。ただし、帰途に着くまでの間は、規模は小さいが伝統あるサウス・ケンジントン博物館（現ビクトリア＆アルバート博物館）で、しばし最後の「仕込み」をしたことも分かっています。ただひとりで乗り込んで行った異国にあって、「博物館」だけが彼の学習の砦になったことにここでは注目しておきたいと思います。

結局失意のうちに八年間滞在したロンドンを後にしますが、「錦を飾る」はずであった故郷では浮浪者然とした熊楠が温かく迎えられるはずもありませんでした。

「小生は米国の大学を卒業せば、二十四歳にて博士くらいになれたるを、日本にては西洋とかわり自学というもの一人もなきを遺憾とし、わざわざ独学を始め、今におし通し申し候。この一事にて骨肉親戚、小生を人間視せず今日に至り申し候」（上松蓊《うえまつしげる》宛書簡、一九一九〔大正八〕年九月九日付）と後年、負け惜しみにも聞こえますが、信念でもある独学論を表明しているのです。

山野に分け入る毎日と実物学習

帰国後、彼は紀州の田辺に居を構えて隠棲。そこで粘菌の研究に勢力的に打ち込み、熊野の山野に分け入って採集と標本づくりに明け暮れ、数々の新種を発見します。

自ら歩いて、自分の目で実物を見て、土地の人など貴賤を問わず話を聞き、自分で確かめ考えるという熊楠流の実証主義に徹した学習スタイルを確立していきます。

「生来、事物を実地に観察することを好み、師匠のいうことなどは毎々間違い多きものと知りたるゆえ、一向傾聴せざりし……」（「履歴書」『南方熊楠全集』第七巻、平凡社、一九七一年）

このことは、実はアメリカやイギリスという実証主義の国に渡る以前に熊楠が身につけていたことで、勉強好きだが学校ぎらいの熊楠を根幹で支えている学習法だったと鶴見和子氏も指摘しています。

ここでは「実地における実物学習」が熊楠の独創的な学問を作ったことを強調しておきたいと思います。そのことは彼が蓄積した膨大な標本類の存在が如実に物語っています。熊楠は「研究所の設立」の夢を持ち、その援助を求めるために有名な長さ八メートルの「履歴書」を書いたことも知られています。しかし研究所は実現しませんでした。また、植物園や博物館を作ろうという構想は持っていなかったようですが、自邸に珍しい植物や菌類を栽培し、膨大な標本資料を蓄積しており、こうしたコレクターとしての熊楠の仕事を紹介するには大規模な博物館が必要でしょう。

一切智の夢、すなわち宇宙万物の不思議を解明したい

そして熊楠の学問の特色であるスケールの大きさが、宇宙万物、森羅万象の一切を知りたいと願った壮大な夢に由来することをもう一度たしかめておきましょう。

熊楠の言葉に次の一節があります。

「宇宙万有は無尽なり。ただし人すでに心あり。心ある以上は能う限り、宇宙の幾分を化しておのれの心の楽しみとする。これを智と称することかと思う」

そして「小生は何とぞ心と物とがまじわりて生ずる事（人界の現像《げんしょう》と見て可なり）によりて究め、心界と物界とは、いかにして相異に、いかにして相同じきところあるかを知りたきなり」といいます。このような関心から心界と物界の拠点を求める学問として民俗学に関心を持ったことが分かります。

「この世界のことは決して不二ならず。森羅万象すなわち曼荼羅なり。その曼荼羅力を応用するの法および法あるべき理論」（以上、土宜法竜宛書簡、一九〇四〈明治三十七〉年三月二十一日付）を見出したいとしているのです。しかし、その探求を深め、独創的なアイデアを生みだすにはただ書斎で思いにふけっているだけでなくて、山野をかけめぐり、標本づくりの作業をするなど、汗をかかなくてはならないといいます。自然を教師

とした彼のやりかたが貫かれます。

「白楽天以下、近代のバイロン、シャリーに至るまで、物にふれ、事にふれて妙想を陳《の》べたもの多し」といい、要するに感覚的、観念的にだけ思考にふけっているだけではアイデアは出てこない。自分はフィールドワークを心がけ、事物の観察に徹してその間にこの世のすべての原理をさぐるような仕事をしたいという志を示しています。また、「世に骨折らずして事の分かり功の立つものはなし」と喝破しています。

そして、最後には偶然性がかかわってくるというのが彼の考え方で、日常的な努力の合間に、何か予感がして、思いがけず幸福な出会いに至ることがあることが強調されます。論理の追求の末に必然的に見えるものと、偶然の出会い。この相乗効果を考えた先見的な思考方法を熊楠は見据えていたということです。その構想の一端を描いたのが、いわゆる「南方曼荼羅」とよばれる不思議な図形です。

あらゆる事理が交差するところを萃点《すいてん》と称して、宇宙万物の因果関係の物理的、精神的な結節点の発見をめざしたものです。本人の説明を聞いてみましょう。

「ここに一言す。不思議ということあり。事不思議あり。物不思議あり。心不思議あり。理不思議あり。大日如来の大不思議あり。予は、今日の科学は物不思議をばあらかた片づけ、その順序だけざっと立てならべ得たることと思う。…（中略）…心不思議は、心理学というものあれど、これは脳とか感覚諸器とかを離れずに研究中ゆえ、物不思議をはなれず。したがって、心ばかりの不思議の学というもの今はなし、またはいまだなし。

次に事不思議は、数学の一事、精微を究めたり、また今も進行しおれり。（中略）」

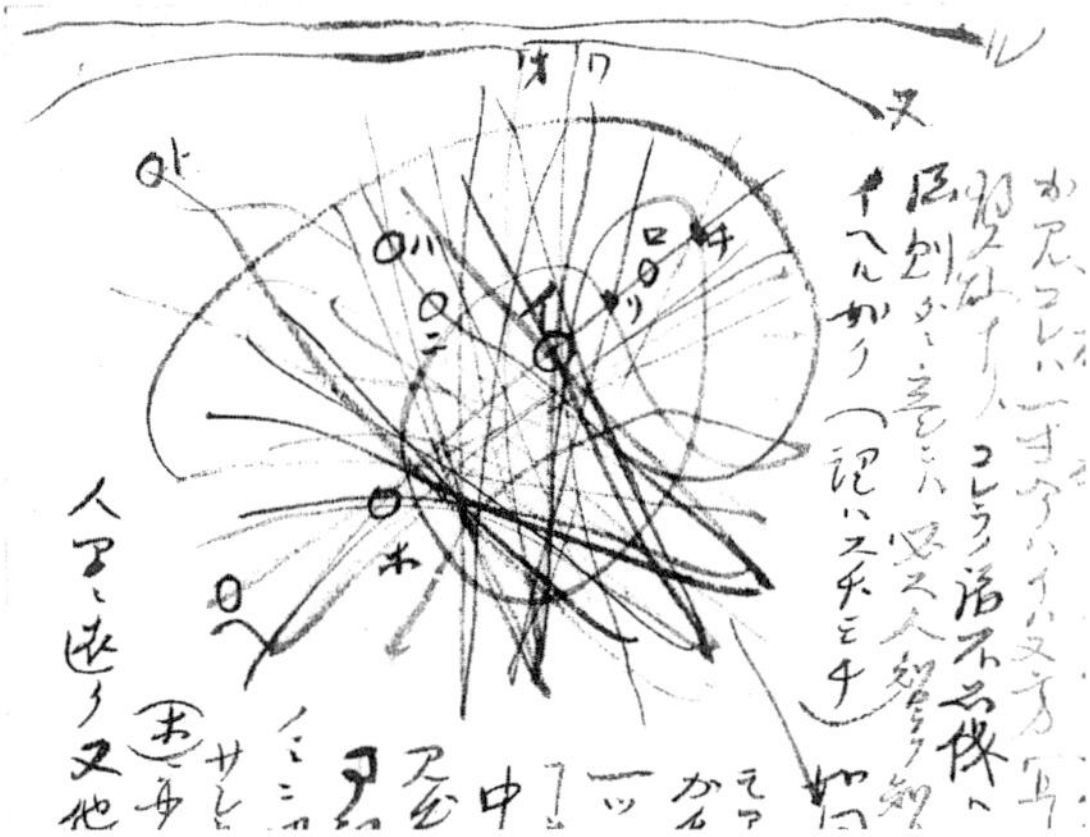

南方曼荼羅と呼ばれる図形

「さて、物不思議の上に理不思議がある。（中略）」

「この世間宇宙は、天は理なりといえるごとく（理はすじみち）、図のごとく（図は平面にしか画きえず。実は長《たけ》、幅の外に、厚さもある立体のものと見よ）、前後左右上下、いずれの方よりも事理が透徹して、この宇宙を成す。その数無尽なり。故にどこ一つとりても、それを敷衍《ふえん》追究するときは、いかなることも見出だし、いかなることもなしうるようになっておる。

その捗《はかど》りに難易あるは、図中（イ）のごときは、諸事理の萃点ゆえ、それをとると、いろいろの理を見出だすに易しくしてはやい。（ロ）のごときは、（チ）（リ）の二点へ達して、初めて事理を見出だすの途に着く。それまではまず無用のものなれば、要用のみに汲々たる人間にはちょっと考え及ばぬ。（ニ）また然り。（ハ）ごときは、さして要用ならぬことながら、二理の会萃せるところゆえ、人の気につきやすい。（ホ）また然り。（へ）ことに（ト）ごときは、（人間の図を中心に立つとして）人間に遠く、また他の事理との関係まことに薄いから、容易に気づかぬ。また、実用がさし当たりない、（ヌ）ごときに至りては、人間の今日の推理の及ぶべき事理の一切の境の中で、（この図に現ずるを左様のものとして）（オ）（ワ）の二点で、かすかに触れおるのみ。（ル）ごときは、あたかも天文学上ある大彗星の軌道のごとく、（オ）（ワ）の二点で人間の知りうる事理にふれおる

（ヌ）、その（ヌ）と少しも触るるところないが、近処にある理由をもって、多少の影響を及ぼすを、わずかに（オ）（ワ）の二点を仲媒として、こんな事理ということは分からぬながら、なにか一切ありそうなと思う事理の外に、どうやら（ル）なる事理がありそうに思わるというぐらいのことを想像しうるなり。すなわち図中の、あるいは遠く近き一切の理が、心、物、事、理の不思議にして、それの理を（動かすことはならぬが）道筋を追蹤《ついしょう》しえたるだけが、理由（実は現像《げんしょう》の総概括）となりおるなり。（後略）」（土宜法竜宛書簡、一九〇三〔明治三十六〕年七月十八日付）と。

複雑で、むずかしそうに見えますが、この説明自体はきわめて明快とは思いませんか。ひとつは混沌としている現実世界、壮大な宇宙、ミクロの世界を含めて、さまざまな事象をとらえて、その脈絡をさがしていくと、きっと多くの事や物や人間の心が交わる点に出会える。もしこれをうまくとらえると、その世界がとてもよく理解できるということです。宇宙万物を解明するような「萃点」を発見することは天才でも容易ではないでしょうが、特定分野やテーマを包括的にとらえるために有効な結節点を見出すことならば、その分野を徹底的に追究しているうちに、いつか可能になるのではないでしょうか。それまで複雑に絡み合い、お互いには関係なさそうに見られる種々雑多な事象が、あるときひとつに結ばれて、ちょうど厳寒の朝、音を立てて湖水が全面氷結するような感動を味わうことができたら、それは学問の最大の醍醐味だと思います。

熊楠は包括的な「萃点」を発見する日を夢にいだきながら、日夜汗をながして標本蒐集《しゅうしゅう》と整理を続け、こつこつと文章を書き続けていたといえるでしょう。

独創的な学問の出所

最後にやや繰り返しになりますが、熊楠の学問形成（学習方法）の特色と思われる事項を列挙しておきます。いくつかは先の牧野富太郎の志とぴったり重なるところがありますね。

・少年時代に百科全書的な博物学としての素養を基礎にしたこと。
・書写して覚えるという学習法。
・古今東西の書物を渉猟、そこから「抜書《ばっしょ》」し記憶に定着させる方法。
・青年時代にライバルとする学者を設定し、資料収集に数値目標を立てた。
・宇宙万物・森羅万象・古今東西の文化に幅広い好奇心をいだいた学際性。
・仏教を中心にした思想・哲学をベースに、あらゆる事理の根源を見極めようとした。すなわち「一切智の夢」をいだいた壮大なスケール。
・日本では森林を跋渉《ばっしょう》し、実物観察に徹したこと。
・誰からでも学んだこと。とくに身近な市井の人々から自ら聞き知ったことを基礎資料にしたり、検証資料としていること。
・往復書簡や雑誌投稿という「問答形式」で学んだこと。それは、つまり独学ながら、そのテーマにとって最適な師を選び出し、一対一で学問形成を行った。
・そして「南方曼荼羅」と呼ばれた思想形態の独創性。

その「曼荼羅」は、なぜか頭脳の形に見えます。あたかも複雑に絡み合った脳細胞のネットワークそのものを表現したようではありませんか。

熊楠は、このような理（すじみち）として解明できるような世界にくわえて、人生の出会いのように、さまざまな偶然性が関与する世界の不思議を考えていたようです。この巨人の人生や学問の歩みには、熊楠自身が追究した「生命」の不思議と同様に、底知れない魅力が秘められており、今後の研究が期待されます。

参考文献

鶴見和子『南方熊楠――地球志向の比較学』（日本民俗文化大系4）、講談社、一九七八年。講談社学術文庫、一九八一年
松居竜五『南方熊楠　一切智の夢』朝日選書、一九九一年
鶴見和子『南方熊楠のコスモロジー』（鶴見和子曼荼羅――コレクション5〔水の巻〕）藤原書店、一九九八年
『南方熊楠・萃点の思想――未来のパラダイム転換に向けて』藤原書店、二〇〇一年

3　岡本太郎の中の民族学――全人間的に生きるということ

仲野泰生

戦後日本が生んだ芸術家・岡本太郎。この名前ほど普通の人々に知られたアーチストも他にいないのではないでしょうか。岡本は画家とか、彫刻家といった芸術を職能で分類した名称では、簡単には括れないほどのさまざまな顔を持っていました。ある時、雑誌の取材でつぎのような質問を受けます。「あなたは絵を描き、彫刻も作り、また文章も書く。そしてテレビやラジオにも多く出演している。一体、岡本さんの職業は何なのですか？」と問われたとき、岡本太郎は「職業？　そんなものはない。あえて言うなら、人間だ」と答えたといいます。(1)

さて、岡本太郎が言う「人間」とはどんな人間のことを指すのでしょう。現代社会、特に、閉塞《へいそく》的な何もかもが細分化され、管理化された今の日本に生きている私たちにとって、岡本が言った「人間」的に生きるということの真の意味を問うことは、大切なことではないでしょうか。

この小論は岡本太郎が言うところの「人間」という視点で、彼の生き方や彼の思想に少しでも近づこうとする試みです。

(1)《太陽の塔》と民族学――マルセル・モースから岡本太郎へ引き継がれたもの

モースは、北米インディアンやメラネシア人の贈与慣習や特異な蕩尽儀礼に着目しながらその細部を検討することで、それが「全体的社会的事実[2]」として、宗教・法・経済といった分割された社会制度を全体として統合する社会原理にすみずみまで貫かれていることを発見したのであった。(今福龍太「すべてと無のあいだの深淵」『多面体・岡本太郎』所収、川崎市岡本太郎美術館、一九九九年)

岡本太郎といえば一般的に有名なのが「芸術は爆発だ!」というコマーシャルでの言葉と、一九七〇(昭和

《太陽の塔》(1970年)

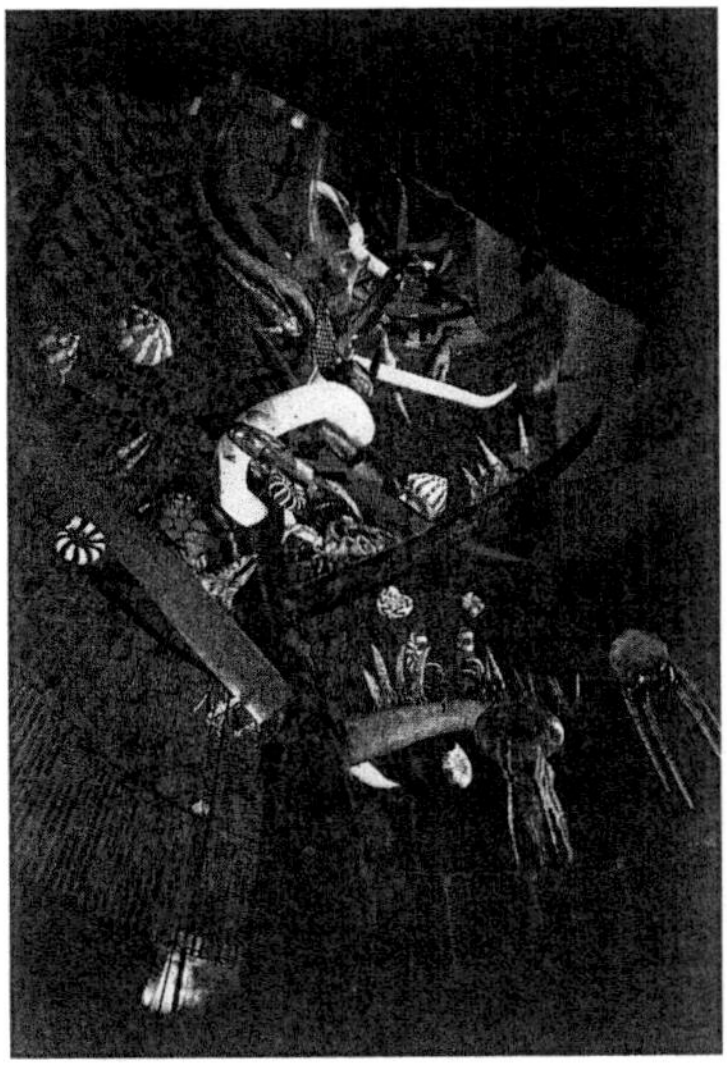

《太陽の塔》内部「生命の樹」

四十五）年大阪で開催された日本万国博覧会（以後は万博と省略）でシンボル・モニュメントとなった《太陽の塔》の制作者としてでしょう。他のパビリオンが消えてしまった万博の跡地に、今も《太陽の塔》は孤高に立っています。たしかに《太陽の塔》は、岡本太郎の代表作ですが、はたと思うのは《太陽の塔》は単純に巨大な彫刻作品として捉えてよいのだろうかということです。なぜなら現在の《太陽の塔》は、万博の時の《太陽の塔》そのままではないからです。当時、岡本は万博のテーマプロデューサーであり、テーマ館の館長でした。テーマ館としての《太陽の塔》は高さ七〇メートルの巨大な彫刻であるとともに、塔の内部とその地下に展示空間を持っていたのです。岡本はこの塔の展示空間に、生命の誕生から人類の誕生までの過程を、ヴィジュアルな造形物で表現。そして地下には、世界のさまざまな民族学的資料で、空間を横溢するように展示構成しました。この《太陽の塔》の真の姿については、民族学との絡みで、後で改めてふれてみたいと思います。

ところで岡本太郎は一九三〇（昭和五）年に、十九歳でパリの地に降り立ち、フランスの芸術や文化を学びはじめます。岡本は一九三二年にポール・ローザンベール画廊で、パブロ・ピカソの抽象的な油彩作品《水差しと果物鉢》（一九三一年制作、現在グッゲンハイム美術館所蔵）と運命的な出会いをしました。これを契機に、岡本は抽象的な作品を制作しはじめます。そして、彼の作品が抽象芸術の作家や評論家たちから評価され、翌三三年にグループ「アブストラクシオン・クレアシオン（抽象・創造）」に、最年少のメンバーとして参加。しかし、この頃から「絵を描くことだけでは、生きていることの一部しか摑めていないのではないか」[3]と、悩んでいた岡本は、一九三八年パリ大学でマルセル・モース教授に師事し、民族学を学びます。人類博物館（トロカデロ）でのモースの講義は、民族的資料を目の前にしてのものでした。

当時の人類博物館の展示光景を写真で見ると、各民族の資料、つまり呪物、神像や仮面などが、展示ケー

マルセル・モース

スの中に並列的に展示されていたようです（岡本太郎はオセアニア地域を研究対象としていた）。岡本は絵を描くだけでは、人間のほんの一部しか生きていないのではと考え、思想家ジョルジュ・バタイユ[4]らと親交を持ち、バタイユのグループに参加します。またパリ大学で民族学だけでなく、哲学や社会学も学びました。当時、パリに留学していた日本人の画家は一〇〇人を超えていたといいます。岡本もモースやバタイユとの親交がなければ、本場で絵を学んだ一人の画家として日本に帰ることになったかもしれないし、また逆にパリ大学で民族学等を学んだのみであったならば、一介の学者にすぎなかったかもしれません。

ここで改めて考えてみたいのは、岡本太郎は「民族学、あるいはモースから一体、何を学んだのであろうか」という疑問です。たぶん岡本はモースの民族学を通して、近代化されない（非近代の）世界の中で、「全体的社会的事実」を探っていくという考えに、強く影響を受けていたのかもしれません。それはフランスの映像文化人類学の第一人者であるジャン・ルーシュが、岡本太郎を撮ったドキュメンタリーフィルム《岡本太郎―マルセル・モースの肖像[5]》の中での岡本自身の発言に、窺《うかが》い知ることができます。フィルムの中の岡本は繰り返し「現実の世界全体の中で、何が起こっているのか、そのすべてを知らなければならない」と強く主張。この発言は「世界全体から自分を見つめなおす」という岡本独特の帰納的な考えにつながっていきます。この帰納的な考えはいわゆる芸術家の思考とはかなり異なるものです。岡本は表現者でもあります。表現者は通常、彼自身の表現によって、演繹《えんえき》的に自分の世界を広げ創り上げようとします。例えば現代美術家の草間彌生のように、表現を通して自分の世界を拡充していく芸術家です。しかし、岡本は表現者として演繹的な思考を持つと同時に、それとは全く正反対の「世界から自分を見つめなおす」という帰納的思考を、パリ時代に身につけたのではないでしょうか。そしてこうしたパリ時代の経験が、戦後日本において岡本太郎の芸術観である「対極主義」という彼独特の思想・行動に結実していくのでしょう。

ここで話をもう一度《太陽の塔》にもどします。万博当時の《太陽の塔》の内部には、岡本太郎がデザイン・設計した長さ四五メートルの《生命の樹》がありました。その巨大な樹木には、円谷《つぶらや》プロダクション(6)や乃村工藝社(7)等のスタッフによって制作されたアメーバから三葉虫そして恐竜やマンモスなどの模型が設置され、原始生命体から人類誕生までの進化の過程を表現した壮大なドラマが展開。そして、塔の地下には世界各地から収集された約二六〇〇点にもおよぶ、民族学的資料がケースに入れられることもなく剥き出しの状態で展示されたのです(8)。今でこそ、資料をそのまま展示することは珍しくないのですが、当時としては画期的な展示スタイルといえるでしょう。そして岡本はこの空間を《根源的世界「いのり」》と名づけ、聖なる神像や仮面そして民具などを設置しました。さらに、根源的世界と己自身を並列化するかのように、この空間に自身の作品も配置。この《太陽の塔》の展示空間こそ、日本に民族学博物館の設立することを強く望んでいた岡本太郎の、モースより学びそして受け継いだ種子の結実とみることはできないでしょうか。つまり岡本太郎は民族学より学んだ世界観を、《太陽の塔》を作ることによって、岡本流の民族学的世界観・芸術観を具現化したのです。

(2)「対極主義」にみる岡本太郎の「生」の軌跡

岡本太郎は一九四〇(昭和十五)年に占領前夜のパリから帰国します。そして岡本は、二科展や銀座三越での個展を通じて、滞欧作を発表。帰国後、しばらくして敵国の大学（パリ大学）で学んだという理由から、三十歳を過ぎた初年兵として中国大陸に赴きます。四年間の軍隊生活と終戦後一年間の収容所生活を経て一九四六（昭和二十一）年に復員。[9] 翌年の一九四七年九月、二科展に戦後はじめて《夜》《憂愁》を発表。ここから岡本太郎は、本格的に戦後日本で活動を開始するのです。一九四八年に発表した油彩《夜明け》は、岡本太郎の芸術観である「対極主義」の最初の実験的作品です。「対極主義」とは岡本太郎がパリでの体験が下敷きになって考えられた岡本の芸術観で、異なるものをぶつけ合わせ、もう一つ上の段階に止揚する、いわゆる弁証法に近いものですが、彼は単なる弁証法との違いと独自性をつぎのように述べています。

私は非合理的とか合理的とかの一方的な立場をとって自足するような態度は、これからの芸術家の世界観として許されないと思います。（中略）私はこれを対立する二極として一つの精神の中に捉え、しかもそれらを折衷・妥協させることなく、いよいよ引き離し、矛盾・対立を強調すべきだと思うのです。そこに真に積極的な新しい芸術精神のあり方を見出すのです。（『アヴァンギャルド芸術』美術出版社、一九五〇年）

岡本が自らの芸術理念の核として、はっきりと「対極主義」を提唱するのは一九四七年頃で、この時期の「対極主義」は、自らの制作上の理念としてでした。シュルレアリスムと抽象主義の二つの美の潮流が、当時の美術の領域にはありました。しかし、岡本にとって「対極主義」は、単なるイデオロギーではなく、しだいに彼の「対極主義」は拡張していきます。それはまるで岡本自身の生を拡充させ、ダイナミズムを起こす装置のように。

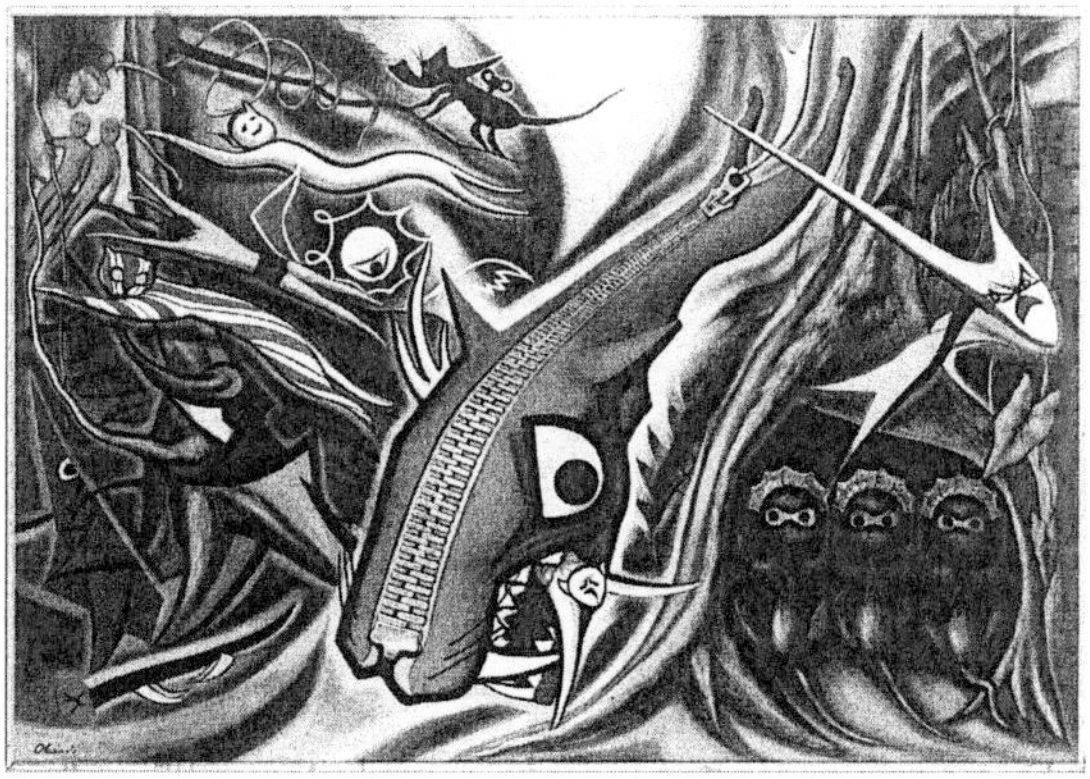

岡本太郎《森の掟》油彩（1950 年）

一九四九年に岡本は、「対極主義」の代表作といわれる《重工業》と、翌年《森の掟》をやつぎばやに二科展で発表。一躍、岡本はアヴァンギャルド芸術の旗手として、注目を浴びていきます。ところで、今から考えるとアヴァンギャルド芸術の旗手的存在だった岡本太郎が、美術団体展の老舗である二科会に所属していたのは不思議な感じがします[10]。当時、二科会は在野の美術団体として、最も集客力があり、メディアにもよく取り上げられる団体でした。岡本は戦前から二科会との繋《つな》がりがありました。二科展を自作の発表の場に選んだ大きな理由は、「より多くの一般の人々に自分の作品を見せることができる」と考えたからではないでしょうか。二科展に出品していたという事実は、その時代の岡本太郎の立場を暗示しているように思います。岡本は一九三〇年代のパリで、アヴァンギャルド芸術運動の展開と収束を目の当たりにしていました。帰国後、日本という場所で、アヴァンギャルドという言葉をキーワードに、今までの旧弊的な社会や文化の価値観を転換しようと目論んでいきます[11]。しかし、岡本はアヴァンギャルドという革新的な立場でありながら、アヴァンギャルドという土壌がない日本で芸術運動を行うために、啓蒙的な活動も同時に行わなければならないという矛盾した立場にいたからではないでしょうか。それこそ岡本はあえて「対極」的状況に、自らを置いたのです。

元来、アヴァンギャルドとはフランス語で、戦争用語で「最前線」を意味する言葉です。それが政治の場で使用され、つぎに二十世紀初頭にパリの芸術運動がアヴァンギャルドという言葉を、旧来の芸術的価値観を覆すための言葉として、用いるようになります。岡本太郎が活躍していた一九四〇、五〇年代の日本も、文化だけでなく、社会全体が揺れ動く変革の季節でもありました。だからこそ岡本は革新的な絵を描くだけではなく、「芸術＝芸術運動」と考え、一九四八（昭和二十三）年、評論家・花田清輝らと「夜の会」を結成し、総合芸術運動を目指しました。これは東京・東中野にあった喫茶店「モナミ」が会合・討議の場であり、誰でもコーヒー代さえ出せば参加できるものでした[12]。この時期の岡本が一般の人々に向けた活動は、作品を制作しそれを展覧会で発表することと、「夜の会」などの芸術運動を中心となって牽引していったことです。そして、もう一つの活動の大きな柱が、彼の膨大な量の著作活動でした。岡本太郎は戦後、制作活動を開始すると同時に、多くの雑誌などで文章を書き、多くの人と対談などで語り合います。岡本の著作『岡本太郎画文集――アヴァンギャルド』（月曜書房、一九四八年）や『今日の芸術――時代を創造するものは誰か』（光文社、一九五四年）は、当時の若者たちに大きな影響を与えました。

『今日の芸術――時代を創造するものは誰か』

特に『今日の芸術』はベストセラーとなり、美術の愛好家だけでなく、主婦やサラリーマンといった一般の人々にも広く読まれ、生活革命の書と呼ばれたほどでした。この

『今日の芸術』の中に、いかにも岡本太郎らしい言葉があるので紹介しましょう。それは「今日の芸術は、うまくあってはいけない。きれいであってはならない。ここちよくあってはならない」という有名な一文で、普通の美の価値観とは、正反対の価値観を意図的にぶつけたものです。これも岡本の「対極主義」です。同様に岡本は、日本の伝統的な価値観に対してアヴァンギャルドを対峙《たいじ》させ、社会・大衆に対しては岡本太郎という個をぶつけていくのでした。こうしてみるとテレビやラジオに、積極的に（あるときはタレントのように）出演した岡本の真の意図も浮かび上がってくるのではないでしょうか。岡本太郎はこのように「対極主義」を核とした制作や著作、そしてメディアでの発言を通じて、日本の「個と社会（共同体）」のあり方を、また本来の「人間」のあり方を問い直していたのでした。

（3）　岡本流フィールドワークによる「日本再発見」

岡本太郎はアヴァンギャルドの旗手として、「対極主義」の理念でさまざまなダイナミズムを戦後の日本に巻き起こしてきました。岡本の活動の源になっているのは、パリ時代に学んだことが基盤となっていることは間違いないでしょう。だが、その基盤に立った岡本が、啓蒙的になってしまうのは当時の状況からみて、ある程度はやむを得ないことではないでしょうか。ところが岡本が真に日本において、オリジナリティをもったアヴァンギャルドの担い手に変わる契機が訪れます。それが「縄文土器」との出会いでした。一九五一年十一月「日本古代文化展」が東京国立博物館で開催され、岡本はここで「縄文土器」を発見します。発見といっても彼は考古学者ではないので、「縄文の美」を発見したといったほうがいいかもしれません。翌年に美術雑

岡本太郎撮影「縄文土器」
（内藤正敏プリント）

誌『みづゑ』に「縄文土器論――四次元との対話」（美術出版社、一九五二年）を発表。[13] この「縄文土器論」は、美術の世界だけでなく、デザイン界や建築界をはじめさまざまな領域に波紋を広げました。例えば日本美術史や美術の教科書には岡本の「縄文土器論」が発表されるまでは、弥生土器（文化）からしか紹介されていませんでした。「縄文土器」は、考古学的には当然発見され、研究されましたが、縄文を美とは誰も認識していなかったのです。では何故、岡本は、「縄文土器」に美を感じ、発見することができたのでしょうか。つぎにこの点を少し考察してみましょう。

岡本太郎はパリから帰国後、すぐに「日本」の原型と自分のルーツを探すため、京都や奈良を旅しています。しかし、岡本は京都や奈良を見て、落胆します。何故なら、そこに岡本が見たのは、日本の原型や伝統ではなく、中国や朝鮮半島の文化を模倣した姿が見えたからです。岡本はパリ時代、モースと共にバタイユから強く影響を受けました。そのバタイユが主宰となり刊行した学術雑誌『ドキュマン』に、バタイユが書いた「正統的な馬」という論文があります。[14] ガリアのコインは、古代ガリア人（ケルト）がギリシャのコイン（馬のレリーフがコインに彫られている）を模倣して作ったといわれていますが、精巧な模倣とは異なり、ガリア人が作ったコインには、異常なデフォルメされた馬のレリーフが施されていました。バタイユは、この論文で、このガリア人のデフォルメされた造形力を、「意図的な常軌の逸脱」として捉え、賛美しています。つまり、バタイユはギリシャ以来の美しい均衡のとれた美の規準に対して、あえてガリアの荒々しい馬の造形を一つの批評として、西洋の美意識にぶつけたのでした。

岡本太郎はパリにおいて、バタイユからモダニズムの価値観を覆す「聖と俗の弁証法」に基づいた批評力を学び、モースの民族学からは非西洋圏の世界観と、物（資料）に即して考察する方法論を学んだのではないでしょうか。岡本にとってこのようなパリでの知的体験が、彼の思考の基盤をつくったでしょうし、のちに「縄文の美」を発見する彼の眼と精神を養ったのです。また、岡本はいかにも「日本」的クリシェ（型）である京都や奈良の文化ではなく、岡本自身の肉体と精神に強烈に共感する、真の「日本」を探していたからなのです。岡本太郎が求める「日本」とは、ナショナリズムとしての「日本」ではなく、近代化以前の「日本」の原初の姿なのかもしれません。そして、それが「縄文土器」の発見でした。岡本の「縄文土器論」では、ヘンリー・ムーアやバーバラ・ヘップワースなどの近代彫刻に負けない空間性を「縄文土器」は持っていると、そのすぐれた造形性について書かれていますが、この論の本当の目的は、縄文の精神性を現代の「人間」がいかにして回復しなければならないか、という岡本の提言でもありました。そして、彼にとって「縄文土器」の発見は、さらなる原生日本を探る旅に導くこととなったのです。

一九五七（昭和三十二）年から岡本太郎は雑誌『芸術新潮』に「芸術風土記」を連載します。[15] 北は秋田から、南は長崎まで、全国七カ所を、岡本はカメラ片手に飛びまわりました。一九五六年に刊行された『日本の伝統』以降岡本は、執筆とともに掲載される写真図版をほとんど自らが撮影しています。[16] そして、岡本のフィールドワークはさらに、沖縄や東北の恐山《おそれざん》など、より広範に深層日本を探っていきました。このときの心境を岡本は、つぎのように述べています。

芸術風土記を思い立ち、日本各地を廻った。私はこの国に生き、何とも形容できない複雑にからみあった現実に抵抗しながら生活し、戦って行くよろこばしさに戦慄する。それはまた当然、憤りとの裏表だ。純粋でありながら、未熟であり、混乱し、過去と現在、異質と素地が正しく対決しないまま、イージーに混ぜ合わされ、飲み込まれて、問題を失っている。この混乱――私は必ずしもマイナスとは思わない。むしろこれからの文化の可能性として、それは魅力でさえある。だが、具体的に分析して問題をえぐらない限り、不毛だ。

たしかに今日の日本文化にはグロテスクな面がある。これほど己自身を侮辱した国民は、おそらく、かつてなかったのではないかと思えるくらいだ。(『日本再発見――芸術風土記』新潮社、一九五八年)

岡本太郎は、研究や学問として「日本」をフィールドワークしたのではありません。現在進行形の問題として自らに突き付け、また私たちにこの『日本再発見――芸術風土記』を叩きつけているのです。戦争用語であったアヴァンギャルドという言葉を、未来だけでなく自分の足元、根源にむけた岡本の方向性こそが、まさしく彼の主張する「対極主義」そのものです。また、岡本太郎は、同書の中で「日本」の最深部に入りこみながら、客観的で民族学的な視点を、取材に行った土地の風物や人間に注ぎつつ、問題を提起しています。例えば最初に訪れた秋田では「なまはげ」に関するつぎのような鋭い文章を書きました。

この行事（なまはげ）の意味も起源も、今は不明である。柳田國男氏によると、なまはげは〈ナモミハギ〉の略で、〈ナモミ〉は秋田の方言で火にあたっていると皮膚に出てくる斑点のこと。つまり火のそばにばかりくっついている怠け者の生皮をひんむくという意味だという。たしかに今日のなまはげは、そういう解釈にふさわしい、功利的なホーケン道徳の色合いをおびているが——この風俗はむしろ、もっとずっと古く、アジア全般にひろく生きていた原始宗教、シャーマニズムと何らかの関係がありはしないか、と私は考えていた。

岡本太郎は『忘れられた日本——沖縄文化論』（中央公論社、一九六一年）の冒頭でも、柳田國男の『山の人生』の一節を引用しています。そして、上述の文章にも柳田國男のなまはげについての説を、引用しているのが興味深い。岡本は東北などの日本各地を取材に行くときは、まず事前に関連の資料に必ずあたり、事前調査・研究をしていたようです。だから柳田國男等の民俗学の本も、相当読んでいたことでしょう。岡本の民族学（エスノロジー）は、いわゆるフォークロアの民俗学とは異なります。岡本の場合、芸術家の直感力と行動で、現地に切りこんでいきました。この感覚は彼の取材時に撮影された彼の写真を見ると明白です。面白いと思ったものを、すばやくカメラに撮る感覚は、まるで狩猟期の原始人のようです。写真家で民俗学者である内藤正敏は、岡本太郎のネガフィルムを見て感動し、岡本太郎が撮影したフィルムを内藤が現像するというコラボレーション（共同制作）で写真集『岡本太郎 神秘』を刊行しました。内藤は岡本の写真の特性について、「人間の脳の中でも、古層にあたる極めて動物的な反射神経で撮られた写真である」と語っています。[17] 一九五七年から日本各地を回り、約一万二〇〇〇カットにも及ぶ写真を残しました。今でこそ民族学や民俗学そして文化人類学は、写真や映像が調査記録として欠かせないものになっていますが、岡本の写真はまるで子どもの感性のように、自分が面白いと思ったものを瞬間的に撮った写真が多いのです。しかし、一方で生活用具や職人などを極めて客観的に撮った写真も多く残されています。

ところで岡本太郎は、日本各地を回りはじめた一九六〇（昭和三十五）年頃から盛んに「芸術は呪術である」[18]と発言しはじめるようになります。それは何故か。岡本は一九五九年に初めて沖縄を訪問。読谷《よみたん》の闘牛や石垣島の市場など沖縄の人々の清らかさ、美しさ、哀しさについて、岡本はリズム感のある美しい文章で『忘れられた日本――沖縄文化論』を綴りました。しかし、ここで岡本はある意味では、「縄文の美」の発見と同じくらいの衝撃的な出会いをします。それは久高《くだか》島の御嶽《うたき》の何もない聖なる空間との出会い。ここから原生日本の

岡本太郎撮影「沖縄」（1966 年）
（内藤正敏プリント）

岡本太郎《装える戦士》油彩（1962 年）

最も深い精神性を求める岡本の旅が続いていきます。それは青森の恐山におけるオシラの魂であり、熊野詣での原生の自然であり、そして、出羽三山の修験の夜などを巡る『神秘日本』（中央公論社、一九六四年）の深部への思索の旅の軌跡です。

岡本太郎はこれらのフィールドワークで、日本人の深い心性に潜む神秘感や民族固有の暗号を発見したのではないでしょうか。この沖縄から始まった一連のフィールドワークを行ったことで、岡本太郎は現在の日本には、「芸術」ではなく「呪術」が必要だと確信したのです。そして岡本の作品自体も、具象性が色濃く残る「対極主義」的な作品から、まるで梵字《ぼんじ》のような形象が踊る抽象度の高い「呪術」的な絵画に変貌したのでした。

（4）　日本人の価値観に挑んだ岡本太郎

戦後日本も一九四〇、五〇年代から高度成長期となる一九六〇、七〇年代になり、あらゆる社会や文化的な側面で、豊かさが求められる時代に変化していきました。しかし、日本には岡本太郎が主張したような「人間」の本来の生き方とは違い、表層的な豊かさや経済優先の価値観が蔓延《まんえん》していきます。そして芸術の領域では相変わらずの欧米拝跪《はいき》で、アヴァンギャルドという言葉も効力を失いました。

岡本太郎は一九六七（昭和四十二）年に万博のテーマプロデューサーを依頼されるとともに、同年メキシコの資産家マニュエル・スワレスから新しいオテル・デ・メヒコのための壁画を依頼されるなど、[19]多忙を極め、岡本は一九五七年から始まった「日本」を巡る旅を終息せざるを得ないほど忙しくなります。しかし岡本が、日本各地をフィールドワークし、そこで得た確信はさらに大きなうねりとなっていきます。そのうねりの具体的な形として、一つには先述した岡本の民族学的な思索の具現化である《太陽の塔》の制作。もう一つは彼の日本にむけた眼差しを世界に広げ、今までの岡本の著作および思想の集大成ともいえる著作『美の呪力』（新潮社、一九七一年）の刊行です。この『美の呪力』の文章は、岡本が万博で実際にカナダから取り寄せ、《太陽の塔》の内部に展示したイヌイットの呪物「イヌクシュク」への考察から始まります。岡本はつぎのように激しく発言しています。

人間の生活はいつも全体であり、幅いっぱいにあふれ、ふくらんでいるはずなのに、その一部だけを引き抜いて固定し、形式化して味わうのだ。白々しい。また、芸術論とか美術史と称して体系づける空しさ。今日、芸術自体が壁にぶつかってしまっている。人間生活に「芸術」がほとんどなんの力も持っていないことは誰でも感じているだろう。この芸術の疎外感はいったいどうしたのだろう。進歩進歩でひたすら流れてゆく社会体制の中にありながら、芸術こそ、社会の部品である空虚感を脱し、時空を超えて人間再発見をしなければならない役割にあるのに。[20]

岡本太郎の発言は、常に刺激的です。それは、単にレトリックがすぐれているとかの問題ではなく、自らの肉体から発し、己の血で書いた言葉だからでしょう。また、岡本太郎は「縄文」や「御嶽」の発見を、ナショナリズムや伝統主義にはけっして結び付けませんでした。彼にとって「縄文」や「御嶽」の発見を、今ここにいる私たち日本人の問題として考えていたのです。そして岡本は、高度資本主義の中に埋没している現在の日本人の感性と価値観を、最も原初的な「日本」の姿・かたちで揺さぶろうとしたのではないでしょうか。

グローバル化がいちだんと進んでいる世界の状況は、かつて岡本太郎がパリ大学でモースから民族学を学んだ頃よりも、より一層画一化されてきているのではないでしょうか。日本人である私たちは、こんな時だからこそ岡本太郎の作品や著作に対し、もう一度新しい眼差しでもって向かい合わなければなりません。答えのない問いを投げつづけた岡本太郎に答えるためにも。

註

(1) 岡本敏子編著『芸術は爆発だ！——岡本太郎痛快語録』小学館文庫、一九九九年、六四ページ。岡本太郎の発言を養女の岡本敏子が解説・編集を行っています。

(2)「全体的社会的事実」は、民族学者マルセル・モースが『贈与論』(一九二五年)の中で使った言葉です。モースは互いに行われる「贈与」とは、単なる経済の範疇での「交換」ではないといいます。そして、「贈与」は宗教的事柄であり、道徳的であり、さらに社会全体に意味を持つ事実であると述べました。このことをモースは「全体的社会的事実(事象とも訳す)」と呼びました。そしてこの考えは社会学や構造人類学に強い影響を与えたのです。

(3) この岡本の発言はさまざまなところで述べられています。たぶん最初に文章化されたのは、「生活の信条」(『芸術と青春』河出書房、一九五六年)と思われます。

(4) バタイユが作った秘密結社「アッセファル(無頭人)」に、岡本はメンバー(第三信徒)として参加。

(5) ジャン・ルーシュが撮影した《岡本太郎——マルセル・モースの肖像》(一九七五年制作)はモースの三人の弟子を取り上げたドキュメンタリーフィルムで、結局は岡本太郎のみのフィルムとなりました。

(6) 東宝の特撮で有名な円谷プロダクションが、《太陽の塔》の塔内部に展示された恐竜などの模型制作に参加。

（7）同じく乃村工藝社のスタッフが地下の内部空間のディスプレイを担当。全体の構想は岡本太郎を中心に現代芸術研究所が担当しました。

（8）剥き出しで博物館資料を展示する方法は、のちに万博跡地に建設された国立民族学博物館の展示に生かされました。

（9）岡本太郎は戦争中の体験を「冷凍されたような四年間」だったと述べています。

（10）岡本太郎は一九六一（昭和三十六）年に二科会を脱会。二科会の主宰者である東郷青児との対立が原因ともいわれています。

（11）当時は、盛んに「政治のアヴァンギャルド」と「芸術のアヴァンギャルド」の統一などが叫ばれていた時代でした。岡本太郎は「政治のアヴァンギャルド」には距離をおいていました。それはパリ時代の体験からであろうと思われます。

（12）喫茶店「モナミ」の店名は、岡本太郎の母かの子が名づけました。

（13）はじめ雑誌『みづゑ』に掲載され、のちに『日本の伝統』（光文社、一九五六年）に改訂され載ることになりました。その時、自ら撮影した縄文土器の写真を掲載。

（14）バタイユの雑誌『ドキュマン（documents）』は芸術から科学までの広い領域を写真と論文とで構成した画期的な雑誌。

（15）この「芸術風土記」で岡本太郎が撮影した写真は、今見ても素晴らしいのですが、生前は写真だけで発表されてはいません。あくまでも文章と一体のものでした。

（16）岡本太郎が亡くなってから、これらの写真は高い評価を得て、写真展が開催され、写真集『岡本太郎の沖縄』（岡本敏子編、日本放送出版協会、二〇〇〇年）、『岡本太郎が撮った「日本」』（岡本敏子・山下裕二編、毎日新聞社、二〇〇一年）、『岡本太郎 神秘』（岡本敏子・内藤正敏共編、二玄社、二〇〇四年）が刊行されました。

（17）『岡本太郎 神秘』を参照のこと。

（18）雑誌『みづゑ』（一九六四年二月号）「呪術誕生」を参照のこと。一九六〇年代以降、岡本太郎は盛んに「芸術は呪術である」と主張。背景に日本を民族学的視点で見た岡本の考えが如実に現れています。

（19）オテル（ホテル）・デ・メヒコの壁画《明日の神話》は長い間、行方がわかりませんでしたが、二〇〇四（平成十六）年に発見され現在は修復され、設置場所が検討されています。

（20）『美の呪力』は岡本太郎の民族学的な思考が、色濃く出ている著作。フランスでも翻訳・出版されました。フランス版（"L' Esthétique et le Sacré", Seghers, Paris, 1976）では、思想家ピエール・クロソウスキーが序文を執筆。

＊書籍・雑誌は『　』で、作品は《　》で表した。また、引用文献はなるべく初出のものとした。

Ⅳ　学びの時、学びの場

神野善治／鈴木敏治

1 「最後の授業」から学ぶ

神野善治

最初に「最後の授業」から

アルフォンス・ドーデという作家が書いた「最後の授業」という小さな物語をごぞんじですか。日本では数多くの教科書に採用された作品だったために、熟年層にはこの作品を学校の授業で「読んだことがある」人が多いのではないでしょうか。

私（神野）の場合、教科書には載っていなかったものの、一九六二（昭和三十七）年中学に入学して最初の国語の授業でとりあげられました。担当のN先生が黒板に「ドーデー」「最後の授業」と大きく書いて「みなさん、きょうは最初に『最後の授業』の話をします」と宣言したのをよく覚えています。その設定にまず興味をそそられました。そして、文章が朗読され、その背景が語られ、強く心にひびくものがあったと記憶しています。しかし、実はずっとそのことは意識の底に沈んでいたのです。ところが三十数年を経て私が大学教員になって「生涯学習」の講義を受け持つことになったときに、この授業の記憶が急に生き生きと甦ってきました。「そうだ、この話を最初の授業でとりあげよう」と。その理由はこの物語のあらましを紹介してからお話ししましょう。

物語のあらまし

物語の舞台はフランス北東部、ドイツ（物語はプロシア〔プロイセン〕王国）との国境に近いアルザス地方の学校で、主人公はフランツという少年、そして担任のアメル先生です。いつものように朝寝坊をしたフランツが、あわてて学校に向かうところから話が始まります。文法の宿題をやっていないので、先生にしかられるのが恐ろしくて学校を休みたいと考えながらも、やっとの思いで学校へ走っていく。途中の野原ではプロシア兵の訓練風景に、そして役場前では掲示板に群がる人たちに出会います。この光景が物語の展開の伏線となっています。そこにいた鍛冶屋のおじさんに大声でからかわれながら学校に入っていく。授業の始まりはいつもは大騒ぎなので、気づかれずに席に着けるつもりが、あいにくその日はなぜか静まり返っていて、アメル先生は立派なフロックコートを着ているし、教室の奥には村の人たちが黙って座っている。フランツがびっくりしている間に先生は教壇に上がり、話しはじめます。以下、本文を拾い読みしてみましょう。

「みなさん、わたしが授業をするのは、きょうが最後です。ベルリンから命令がきて、アルザスとロレーヌの学校では、ドイツ語以外のことばを教えてはいけないということになりました……。あした、新しい先生がこられます。きょうはみなさんにとって最後のフランス語の授業です。どうかいっしょうけんめいきいてください。」……

フランツは掲示板に貼り出されていたのがこのことだと気づくのです。

「それなのにぼくときたら、まだフランス語がろくに書けないんじゃないか。このぶんじゃもう一生フランス語を習うこともないだろう。このままでおわらなきゃならないんだ。」……。そう思うとフランツには無駄に過ごした時間が回想され、先生がこの最後の授業のために正装していたこともわかります。感慨にふけっていると、名前を呼ばれて、文法の暗唱をさせられ、最初からまごつきます。

「『フランツ、先生はきみをおこりはしない。これできみは充分罰を受けたはずだ。わたしたちは毎日こう思う。ああ時間はまだたっぷりある。明日勉強しようとね。そのあげくが、ごらんの通りだ。……教育をいつも翌日まわしにするのが、わたしたちのアルザスにとってたいへん不幸なことだった。いまあのプロシア人たちにこう言われたって仕方がない。〈なんだって、おまえたち、フランス人だと言いはっていたけれど、国のことばの読み書きもろくにできないじゃないか！〉。だからね、フランツ、きみひとりがいちばん悪いわけじゃない。わたしたちはみんな充分にせめられるべきなんだよ』」……

アルザスの親たちは子どもたちの教育にあまり熱心ではなくて、畑や製糸工場で働かせていた事情が語られます。

「そこでアメル先生は、それからそれへと、フランス語について話をはじめた。フランス語は世界じゅうでいちばん美しい、いちばんはっきりした、いちばんしっかりしたことばであること。だから、ぼくたちで、しっかりまもりつづけ、決して忘れてはならないこと。なぜなら、民族がどれいになったとき、国語さえしっかりまもっていれば、自分たちの牢獄の鍵を握っているようなものだから……。

それから先生は文法の本をとりあげ、読みはじめた。ぼくはあまりよくわかるのでおどろいた。先生のいったことはみんな、とても、とてもやさしいことのように思えた。ぼくもいままでこんなにいっしょうけんめい授業を聞いたことはなかったし、先生もこんなにこんきよく説明したことはいちどもなかったと思う。きのどくな先生は、いってしまう前に、知っていることをみんなぼくたちに教え、いちどきにぼくたちの頭の中にたたきこんでしまおうとしているかのようだった。」……

「先生たちは、あす出発して、この土地から永久にいってしまわなくてはならないのだ。それでもりっぱに最後まで続けた。」……

「ああぼくは、この最後の授業のことは忘れようにも忘れられない。」……

「そのとき、教会の大時計が正午を知らせた。続いておつげの鐘が鳴る。同時に、演習から帰ってきたプロシア兵のラッパが、窓の下に鳴り響いた……。アメル先生はまっさおになって教壇に立ちあがった。いままでに先生がこんなに大きく見えたことはない。『みなさん』と先生はいった。『みなさん、わたしは……わたしは……』。けれど、何かが先生ののどをつまらせ、先生はそこまでしかいえなかった。先生は黒板のほうをむくと、チョークを一本とり、全身の力をこめて、できるかぎり大きい字で『フランスばんざい！』と書いた。そして、そのまま壁に顔を押し当てた。それから無言で、ぼくらに、手であいずした。『これでおしまいです。……お帰りなさい。』」（以上、引用部分はポプラ社文庫『最後の授業』南本史・文、一九八一年刊による）

短い作品ですので、ぜひ一度本文全体を読んでいただきたいと思います。この物語を私が久しぶりに改めて思い出したのは、私たちが「学ぶ」ということを考えるヒントをいろいろ提供してくれる教材だからです。

もともとは『月曜物語』（一八七三年）という小品集に「アルザスの一少年の物語」という題で発表された一篇でした。作者のアルフォンス・ドーデ（一八四〇〜一八九七）は、フランス・ニームに生まれ、中学の代用教員を勤め、のちに公爵秘書などをしつつ作家活動をし、ビゼーの歌劇になった『アルルの女』の原作者として、また『風車小屋だより』などが代表作とされますが、何より知られているのが『月曜物語』に収録されているこの「最後の授業（La Dernière Classe）」でした。

作品が発表された時期は、ちょうど普仏戦争つまりプロシアとフランスの間で行われた戦争（一八七〇～七一）にフランスが負け、賠償金と北東部のアルザス・ロレーヌ地方を割譲することで終戦を迎えたときでした。そのため、この地方の人々を描いた作品はフランス人の愛国心をふるい立たせたのです。

日本でも、明治時代にすでに紹介されて、明治三十五（一九〇二）年以来、五〇点に及ぼうとする翻訳がなされて親しまれてきました。とくに近代日本の国家政策とも連動して、愛国心と国語（標準語）の普及に大きな力を発揮したといわれます。一九五八（昭和三十三）年には学習指導要領の改訂に伴い「国語科」の「言葉のはたらきを理解させて、国語に対する関心や自覚を深め、国語を尊重する態度や習慣を養う」という指針に沿った教材として、小学校から高等学校にいたるまでの国語教科書に数多く採り上げられました。中学の国語教科書だけでも一二社二五種も採り上げられています。

「最後の授業」から学ぶ

今回、改めてこの物語を読み直し、作品そのものが表明していることを素朴に受け止めてみると、まず、「学ぶべきとき」と「学ぶ自由」について、さらに「学ぶ」ことと「分かる」ことの喜びについて、それと「民族と言語」についても考えさせられました。

まず「いつ学ぶか」というテーマと「学ぶ自由」の課題です。この物語の人々が置かれた境遇に照らして、「学ぶ」自由が奪われることもあるということを意識させられます。自由が失われたときに、私たちははじめて学ぶことの大事さを知ります。そして皮肉にも、学ぼうという意志を強く持ったときこそが、「学びどき」

だということを自覚させてくれます。「いつか学ぶときがくるだろう」と思っていても、その機会は永久にやってこないかもしれません。今やろうと思い、かつ、できる状況にあるならば、今やらないでいつやるのか。今しかできないのではないかと強く意識できるかどうかが肝心だと教えられます。

「学ぼう」という意志、モチベーションが高いときにこそ、人は学習力を高めることができるということが示されている。今日が最後の授業かもしれないという緊張感が、教わる側にも、そして教える側にもみなぎっている。そういうときに、「分かる」授業の感動が生まれるのだなと。この物語のような切迫した状況でなくても、いつも学ぶ機会というのはその時々の限られた場面であるかもしれません。教師と生徒の一期一会の関係も、日常性にまぎれないように意識して、そのめぐり合わせを大切にして学んでいきたいと思いました。

民族と言語という課題

ドーデは、アメル先生をして次のように言わしめています。「民族がどれいとなったとき、国語さえしっかりまもっていれば、自分たちの牢獄の鍵を握っているようなものだ」と。この物語の中で、とくに印象深い言葉です。これを読んで、私は二つのことを思い起こしました。ひとつは日本におけるアイヌ語のたどった道。アイヌ民族ではじめて参議院議員を務め、アイヌ文化の継承に力を尽くして近年亡くなった萱野《かやの》茂《しげる》さんには生前何度もお目にかかる機会がありましたが、そのときのお話のひとつに、小学校時代「アイヌ語は使いません」と書いた札を首から下げさせられた話をして下さいました。授業中にうっかりしゃべったら、その生徒に札が回るのだそうです。

「民族とは何か」と問われたときに、固有の言語は何よりもその民族のアイデンティティを表明する要件であるはずですが、日本政府によって、まるで「方言」と同列にアイヌ語撲滅ともいえる政策がとられていたわけです。明治以来の「北海道旧土人保護法」が一九九七（平成九）年に廃止される直前の段階で、いわゆるネイティブ・スピーカーがおそらく一〇名を切るだろうという現実を知って私は大きな衝撃を受けたものでした。その中で自らの言語の危機に萱野氏らが起こしたアイヌ語教室の活動がすこしずつ実って若い習得者が出てきたことが明るい知らせでした。

もうひとつ、「最後の授業」のこの部分を読んで思い浮かべたのが、一九七〇年代末に台湾の少数民族を訪ねたときの体験です。山間の町の食堂で、老人たちが日本語で会話をしている場面に遭遇して驚きました。なぜ彼らは日本語を話しているのか。台湾の高山《こうざん》族（日本統治時代は高砂族と呼ばれた人たち）は一〇ほどの民族の集合体です。阿美《アミ》、泰雅《アタヤル》、排湾《パイワン》、布農《ブヌン》、卑南《プユマ》、魯凱《ルカイ》、鄒《ツオウ》、雅美《ヤミ》、賽夏《サイシャット》などの民族で構成されており、それぞれが別々の言語を使用しています。そして民族間の共通語として、年配の人たちの間では日本語が使われることがあったのです。蒋介石の中華民国が大陸から渡ってきて台湾を支配する前の、日本の植民地時代に小学生だった人たちは日本語を共通語として教育されていたのでした。彼らに日本語を教えた日本人教師たちのことを彼らは懐かしく語りました。そして、あるいは、それがアルザスのアメル先生の立場に重なるのではないかと気づかされたのです。

複雑な舞台背景を読む

そこで気づくのが、フランツ少年を含めて、アルザスの人たちがなぜ「フランス語の読み書きが十分にできない」状況にあったのかということです。アルザス地方は、一六四五年にフランス領となってから、この普仏戦争でプロシア領に、続いて第一次大戦（一九一四～一九一八）後は、フランスにもどり、第二次大戦（一九三九～一九四五）中にはドイツに占領され、戦後ふたたびフランス領となるという具合に、国境地帯にあって非常に不安定な政治情勢におかれてきました。フランスとドイツとの国境地帯で、たびたび所属を交代せざるをえなかった人々が現実に保有してきた言語と文化はどんなものだったでしょうか。彼らのアイデンティティはどのように形成されていたのでしょう。小説のアメル先生はそこで、どのような役目を負っていたのでしょうか。実はこの複雑な背景を知らずに、私たちはドーデの物語の設定を「史実」として安易に受け止めていたかもしれません。

蓮實重彦《はすみしげひこ》『反＝日本語論』（筑摩書房、一九七七年）は「（アメル先生は）アルザス人にとっての他人の言葉を、国語として彼らに強制する加害者にほかならない」といい、田中克彦『ことばと国家』（岩波新書、一九八一年）は、アルザス地方では実は日常的にはドイツ語の一方言を話しており、この小説の裏に、実は民衆を省みないフランス政府による言語統制があった。つまり「『最後の授業』は、言語的支配の独善をさらけ出した、文学などとは関係のない、植民者の政治的扇情の一篇でしかない」などと一刀両断に切り捨てました。

このショッキングな批判を受けて、現場はさぞあわてたことと思います。いろいろな議論があったに違いありませんが、この物語は一九八六（昭和六十一）年から一斉に教科書から姿を消すことになりました。「国語を尊重する」という目的に沿った「名作」として、それまでこぞって受け入れてきただけに、この作品が孕《はら》んでいる複雑な課題が深刻に受け止められ、全面的な排斥に向かったことと思われます。この経緯を知ると「単純素朴に感動をした自分が何だったのか」と、大いに裏切られたような残念な気持ちをいだかされました。

フランス政府による国語政策のあり方が明快になったとしても、この作品の評価としてはたして蓮實、田中両氏のような見方が本当に正しいのか。第三の見方があるのではないかという議論もまた続いて出てきました。私の場合は、奇遇にも隣家に老アルザス人が住んでいた関係で、この方の話から受けた印象や、先年アルザスを訪ねたときの体験から、アルザスの人々がフランスという国に対してとても強い帰属意識を持つ一方で、住まいや食生活などはドイツの文化を深く愛し、よく守っていることを知りました。複雑な社会背景と歴史、民族のあり方をより深く知ったうえで、一歩ひいたかたちで、もう一度この文学作品から得られる感動のありかを確かめたいものだと思います。先の二冊とは別に、府川源一郎の『消えた「最後の授業」――言葉・国家・教育』（大修館書店、一九九二年）がとても参考になります。「最後の授業」は短い作品ですが、以上のように「学ぶこと」の面白さ、奥深さを多面的に教えてくれるよい教材だと思います。

2　学びの場を創る——公民館活動、そして農的生活から

鈴木敏治

はじめに

私は、現在（二〇〇七年）、石川県の能登半島にいて、畑を耕しながら木版画を彫るという二毛作目の人生を送りはじめています。荒れ地の開墾作業の最中であり、まだまだ順調ではありませんが夢のある生活です。四年前までは、神奈川県の茅ヶ崎市役所で働く公務員でした。生まれも育ちも、そして職場も茅ヶ崎で、ありがたいことに勤務期間の大方を希望の社会教育の職場で過ごせました。その職場というのは、教育委員会事務局社会教育課、公民館、図書館で、それぞれ長く勤務することができました。とりわけ公民館では、思いの限りの情熱を仕事にかたむけることができたといえます。

能登での生活は、茅ヶ崎での社会教育の仕事の発展です。市民の学びの場を創るという、職員の任務を遂行し続けていった結果がこのようになったものです。

現在、多く使われる生涯学習という言葉ですが、私の場合は、出会いを含めて、仕事自体も社会教育という言葉のもとで進めてきました。ここで使っている社会教育という言葉は、生涯学習と置きかえて読んでください。

社会教育との出会い

さまざまな学びの場を創っていく職員の役割を果たしていくのには、絶えざる学習と研鑽《けんさん》が必要で、加えて豊かな人との出会いがエネルギーの源泉になると思います。社会教育の場においては、とりわけ出会いこそが学びの場のはじまりになることが多いのです。その時その時に、人生史をかけて出会える備えを日頃からしておきたいものです。

小さい頃、絵を描くのが好きだった私は、大人になったら絵描きになりたいと考えていました。小学校高学年になると、草花を育てるのが楽しみとなって、新珍種の草花の種をカタログにより取り寄せては栽培したものでした。農業高校に入って、園芸家になるのを夢見た中学時代を過ごしてもいます。結果的には普通高校に進んで、卒業後は、考えぬいた末、大学で社会学を学ぶことにしました。

高校生活の後半、人生上の壁にぶつかり、誰に相談しても解決せず、図書室通いや一人悶々と過ごすことが多くなりました。その経験は、やがて生きたものになります。

大学二年生になって間もなく、たまたま専門必修科目「社会教育概論」の講義を受けた初日のことです。三十代半ばの情熱もえたぎる若い講師は、自らの公民館主事体験から話しはじめました。それは長野県下の、ある農村地帯の公民館でのこと、自らの意志で仲間と共に地域課題にとりくむ青年たちの学習活動の様子が語られて、学ぶということはこういうことだったと知り、天地がひっくりかえったような感動にひたりました。

与えられてではなく自ら進んで、競争ではなく仲間と共に地域課題を学ぶ、それが社会教育の学びだというのです。その分野の仕事があるのなら、一生をかけてみたいと決めるのに時間は必要ではありませんでした。

かなりの能力が要求されるようだけれど、自分を磨き続けていくなら遂行できるかもしれないと、その日以来、大学で学ぶ目標がはっきりしてきました。高校時代以来くすぶっていた人生上の壁があったからこそ、このような選択ができたのだと思います。

一方、民俗学サークルに熱中する大学生活でもありました。柳田國男の著作を読みあさりつつ、民俗調査の旅に魅せられてもいきました。これは社会教育の仕事を進めていく上で、考え方および方法としてプラスになりました。

卒業したら、地域全体を見据えての仕事がしたい、そのために家を離れることを考えていました。が、年老いた母と兄の三人暮らし、兄はやがて転勤することがわかっていたため、母一人を残していくことはできないと、地元の茅ヶ崎市役所に就職することにしました。

社会教育職場に異動できた頃のこと

社会教育の仕事がしたいと就職したのに、はじめは一般行政事務の部署に配属され、どうしたものかと考えていました。そんな折、飛騨高山に一人旅をしました。泊まった宿の主人が子ども会の役員をしている人で、公民館を訪ねるよう勧められました。公民館を訪ねたところ、出会った公民館主事が大変な熱血漢で、大学で学んだ社会教育が現実の姿と重なりました。

もはや自分の希望をはっきりと人事担当者に意志表示すべきだと、さまざまな方法の行動をとりました。そして、ついに叶ったのは、就職してから二年三カ月後、一九七〇（昭和四十五）年七月のことでした。異動直後、母を亡くすことになり、この仕事は母の命と引きかえであるなと考えるようになりました。

最初に与えられた仕事は、文化資料館建設の準備で、民俗・考古などの資料収集のため市内全域を回りました。開館が近づくにつれ、当初に志していた社会教育主事になりたい思いを表明しました。そして、成人のための学級や講座等の事業開設、サークル育成を担当することが正式に決まりました。

異動したては、職場の先輩職員が社会教育主事資格取得のため、講習に通っている時でした。その人は、職場を改革することに意欲を持っていて、打ち合わせが非常によく持たれるようになりました。かなり長期間続き、その後の茅ヶ崎市社会教育行政の方向性に大きな役割を果たしたと思います。

公民館がないために

社会教育行政の任務は、市民が学ぶ条件を整備することにあるといいます。社会教育法等では、公民館、図書館、博物館を設置し専門職員を配置することになっています。公民館は、地域の人と人を結んで、地域課題を学び、市民文化を創造する拠点ですが、当時の茅ヶ崎には、公民館が一つもありませんでした。

学級・講座の開設も銀行などのスペースを借りてであって、市の中央部にほぼ限られていました。市内全地域の人が参加できるようにするにも、公民館が地域配置されていなければ不可能なのを職員は肌身に染みて知っていきました。しかし、公民館の必要性を職員内部でいくら話し合っても、何も進んではいきません。公民館がないことで、職員がどれほど困っているか、市民もサークル活動の場に困っていることも、公民館があれば解消していくことを、市民に知っていただこうとも話し合いました。

学びをイキイキさせる

1975年1月～3月に行われた市民教養講座「児童文化の現状をさぐる」のプログラム

月　日	内　容	講師等
1月12日（日）	開講の集い　映画「鯉のいる村」上映	社会教育課職員
1月19日（日）	こどもの本の現状	こどもの本の研究家　代田昇氏
1月26日（日）	児童劇界では―その現状と問題点―	楽劇団いちょう座　波原純明氏
2月　2日（日）	伝承の中の遊び（1）	民俗研究者　丸山久子氏
2月　9日（日）	伝承の中の遊び（2）	将棋凧伝承者　長嶋良吉氏
2月16日（日）	伝承の中の遊び（3）	市内在住の古老　小山五一氏他
2月23日（日）	こどもの生活と文化	教育評論家　森久保仙太郎氏
3月　2日（日）	また会う日のための集い	鶴が台文庫　菱沼文庫

それまでに開催されていた学級・講座等の主催事業は、毎年同じような内容、講師、参加者でした。これではみんなの社会教育とはいえないと、より多くの市民が参加しやすいような工夫や改革が進められるようにも話し合いました。

市の中央部のみの開設だった事業を市内全域に分散させること（会場は、自治会館などを借りるしかない）、曜日や時間に幅をもたせ、委託により開設されていた学級を公募にして、より多くの人が参加しやすいよう改めることも実現させました。

主催事業の学級や講座のテーマ内容、講師選定なども熟考するようにしました。誰のための学びか、何のための学びかをよく考えて、何よりも参加者一人一人の主体性が育っていくようなさまざまな仕掛けをすることで、学びをイキイキさせていくことにしたのです。

そういう努力が効果としても目に見えて現れてきたのは、市民教養講座「児童文化の現状をさぐる」（一九七五年一月より三月に開設）を担当したあたりに見ることができるといえそうです。人形劇などの活動が自発的に育っているのに、児童文化をテーマとする講座はなかったので、時宜を得て好評でした。

一冊の絵本と出会ったことで作者に会えた感動と、子どもの本について東京まで通い学んだことを茅ケ崎市民に還元したい、そんな思いがこの講座をつくりあげました。学習プログラムを編成するにも講師を依頼するにしても、担当者が思いを持つということがいかに重要かを感じたものでした。

講座通信をつくり、参加者の心をつなぐこともはじめました。講座の最終回、他市の公民館活動に参加したことのある人から「こういう学びは日常的に欲しい、そのために茅ヶ崎にも公民館が必要、ついては公民館について勉強しませんか」と、声はあがったもののその時はまだ賛同者はありませんでした。

公民館づくりの市民運動おこる

一九七五年五月から開設された市民教養講座は、市の東はずれにある菱沼地区の自治会館が会場でした。「家庭教育」をテーマとするものだったので、当然ながら子育て中の母親も多く参加申し込みをしてきました。保育の手立てがないため、これでは学習にならない、保育について手をうってもらおうと、三人の代表者が社会教育課長に会いに行きました。その時、「公民館があって、その中に保育室があるなら保育も可能なのですが」（その頃、東京都国立《くにたち》市公民館保育のことが新聞で話題になっていた）との返事に、後に「茅ヶ崎市に公民館をつくる会」（以後、「つくる会」）の代表になった西山正子さんは、この時はじめて公民館の必要性を感じたといいます。

この講座では、自主保育でしのぎましたが、公民館を設置して事業に保育をつけて子連れの人も参加できるみんなの社会教育にして欲しいと、市長、教育長宛に署名を添えて要望書を提出しました。このことで、実質的に公民館づくりの市民運動が開始されます。

西山さんにとってそのような行動は、はじめてのことだったそうです。まず、公民館について知らなくてはと社会教育課の市民学習グループ育成委託事業を活用し、「公民館について勉強する会」をつくりました。公民館の歴史や現状、法的根拠、社会教育の日本および国際的な動き、他市の公民館見学など、職員も互角になって勉強しました。やがて、勉強するだけでは公民館はできないと、運動体として「つくる会」が発足していきます。

「つくる会」の活動が成果を見せ、公民館建設が茅ヶ崎市の政策になるまでにこぎつけたのは、多くの人に共感を呼ぶ運動形態であったからだと思われます。子連れの若い母親を中心としつつ、働き盛りの男性、若者から高齢者までと年齢層に幅があること、超党派であったこと、公民館について深く広く学習していたので説得力があったことなどを特徴としてあげることができます。

また、月刊の機関誌『息吹き』を発行し、そこには学習の成果や運動の進捗《しんちょく》状況、呼びかけや情報提供等が満載され、大きな役割を果たしてきたといえます。人と人を結び、市民と行政・市議会とをつなぎ、ペンが世の中を動かすことを見事に証明させました。

もう待てない

やがて、市民運動と行政の歩み寄りの中で、公民館建設が決まります。職員とすれば、建設準備と共に、公民館活動をあらかじめ市民に知ってもらう努力が必要になりました。

第一号公民館になる小和田《こわだ》公民館の開館を翌年に控えた、一九七九（昭和五十四）年の市民教養講座（教育コース）は、「子育てと『私』の自立を考える」がテーマでした。会場を、市の西はずれ、柳島地区に借りました。講師陣には、社会的に話題を呼ぶ文化人と共に、西山正子さんを加え体験発表していただくのは、あの時、どうしても必要なプログラムでした。保育をめぐって生まれようとしている茅ヶ崎の公民館でしたから、その運動の中心にいる人として、一人の人間として、一人の母親として「子育てと『私』の自立」についての体験発表は、あの時を逃すことはできませんでした。

毎回、一〇〇人を超す参加者があり、熱気につつまれていました。とくに西山さんが発表を終えた後の感動は、あまりの高揚に会場から何の声もあがりません。少しして、「これだけのお話を聞いて、一言の感想も出さないということはないと思います」との発言があり、時間をこえての話し合いになりました。

この時期になると、講座ごとに講座通信を発行し、終了後には、まとめ文集が発行されるのが恒例となっていました。この講座では、文集『かよい路』が発行されましたが、西山さんは、次の詩を寄せています。当時の茅ヶ崎市民の学びを象徴する詩だと思います。

もう待てない

幼い子どもがいても
学習したいのです
幼い子どもがいるからこそ
学習したいのです
この子のために
私のために
私自身の内面を高めていきたい

きのうの私は今日の私ではない
今日の私は明日の私ではない
一緒に学ぶ仲間がいて
語り合える仲間がいて
日毎に成長する私

学習する楽しさを知ったから
もう、私は待てない
今の今を大切に
学びたいのです

この講座により、いくつもの学習グループも生まれ、市民の学びは成熟期をむかえ、公民館の開館を待つばかりとなりました。

前例がないから志願する

開館が迫り、職場の上司から「公民館で働く希望者は申し出をして欲しい」と言われながら、一人の志願者も出ないなんてことは許されないと思いました。変則勤務になるし、家族の協力を得なければならないけれど、

小和田公民館まつりのにぎわい（1986 年）

茅ヶ崎市にとっては前例のない新しい仕事に、思い切り身を任せてみたくなり態度を表明することにしました。

私は、第一号館の小和田公民館（以後、「小和田」）で九年間、第五号館の香川公民館（以後、「香川」）で三年間働きました。とりわけ「小和田」は、市内最初の公民館とあり、市民の熱い思いが結集しました。市民が望んで生まれた公民館ですから、活動が盛り上がらないはずはありません。事業については全面的に任され、次々に企画していくのですが、どれも確かな手ごたえがありました。

公民館がないため会場確保で苦労した経験が、学びの場づくりには、どこでも「場」に仕立てあげていくという演劇の発想が必要だなどという考えを持たせてくれていました。公民館にあっては、会場に困ることはないのですが、例えば講座を立体的な学びの場にならないだろうかと、ある時は、参加者がテーマにそった本を朗読する際に、会場を暗くしてロウソクを灯すなどの工夫もしました。たたみコーナーのあるロビーは、ゴザを敷いて「こわだ寄席」の会場にしたものです。

公民館では、参加する一人一人の市民が主役に育っていくような配慮ができるかどうかが、職員の力量だと思います。そのことに真正面からとりくみましたので、サークルが次々と生まれ、自発的に行動する市民が目立って増えました。

自己表現を持つことに力を入れた活動は、やがて全国に知られていくことになりました。「小和田」の開館は一九八〇（昭和五十五）年五月のことでしたので、市民運動から生まれた「八〇年代の公民館」の代表例になったのでした。

年一回の公民館まつりは、公募による実行委員が委員会を結成して開催されます。活動団体の成果発表だけではない、実行委員会企画が光るこのまつりは、多くの人に注目されるようになり、遠方からの友情参加が続くようにさえなりました。秋田県若美町（現在、合併して男鹿《おが》市）公民館からは、ナマハゲという民俗行事の披露と地酒のふるまい、愛知県常滑《とこなめ》市の公民館からは、焼き物市やろくろ引きの実演、新潟県十日町市公民館から演劇上演、群馬県邑楽《おうら》町からは、民俗芸能披露というものです。いつでも交流会がありましたので、地域を超え生涯の友を得た例も生まれました。

その頃の「小和田」の活動は、『地球がまるごと見えてきた！——茅ヶ崎の公民館活動から』（茅ヶ崎常民学舎編、径書房、一九八五年）で、詳しく知ることができます。

社会教育職員の真価とは

書くこと（講座通信やまとめ文集の発行、生活や自分史を綴ること、詩や短歌など自己表現を持つことなど）を重視した活動を展開してきた私は、いつしか生活記録活動を意識するようになっていました。

一九八五（昭和六十）年十一月六日〜八日、自己申請による茅ヶ崎市職員研修視察制度に応募して、「市民生活にかけがえのない公民館のあり方とは何か——生活記録活動を通じて考える」を課題に、新潟県十日町市公民館を視察しました。『豪雪と過疎と——新潟県十日町周辺の主婦の生活記録』（妻有《つまり》の婦人教育を考える集団編、未来社、一九七六年）の舞台を、踏んでみたかったからです。

この時、対応してくださったのが、副館長の星野元一《ほしのげんいち》さんです。生活記録活動にあっても、裏方として活躍された方です。視察としても大きな収穫をみたのですが、それ以上に、星野さんの人柄にふれたということが最大の成果となりました。あふれる情熱を持ちながら、とても控え目な方です。仕事のかたわら現代詩を書く方で、ある時は、詩人そのものでした。仕事にのみ情熱を持っている人より、もっと大事なことだと感じとり、自分なりに描いていた社会教育職員の理想像ができあがりました。

星野さんは公民館から博物館、情報館開設準備の仕事をされた後、退職され、現在は畑を耕しながら詩人としての生活をしておられます。十数年前に、「社会教育職員の真価が問われるのは、むしろ仕事から離れた時ではないですかね」と伺い、その言葉に真実を感じて以来、私の自分探しが本格化しました。

いい事業にしたい　そのために彫ろう

社会人になって間もなく、版画家・棟方志功氏の講演を聞く機会に恵まれ、ふるえが何日も続き、いつか自分も木版画を彫ってみたいと思うようになっていました。

やがて彫りはじめるのですが、『季刊 銀花』（文化出版局、一九七六年冬第二八号）により、「佐渡の農民版画」（後に「佐渡版画村」として知られるようになる）を知り、主宰している高橋信一さんと出会います。その発展として、「小和田」では、「茅ケ崎の風物を彫る木版画教室」を開設することになりました。身近に気鋭の木口《こぐち》木版画家・柄澤齊《からさわひとし》さんを講師にむかえ、熱気ある事業となりました。私は、教室がはじまってからは、いい事業にしたい一心で参加者の一人となって彫ることにしました。そのことで、参加者の心とつながることができた

第１回目の個展会場（中央は筆者）

といえます。

そこからサークルが生まれると、一人の市民としてサークル員に加わりました。彫ることが、何よりもの楽しみになり、いつしか作品もたまり、第一回目の個展を江の島のヨット・ハーバーにある船「セント・エルモ号」の中で行ったのが二〇〇一（平成十三）年五月のことでした。観覧者の一人から「自分は、病後間もないのですが、この個展を見て癒されました」と伺い、自分の楽しみだけではない木版画を彫る次の目標が見えてきました。

「農的生活」に光を感じて

「小和田」での最後の年、教育講座「暮らしを見つめなおす経済学」を手がけます。講座を通して講師を一人の人間として、学問と人格を共有することを目指しました。参加者、講師、職員の三者が一体となって、読み、書き、聞き、話す学習の場づくりにする意図を明確にうちだしました。講師にお願いしたのは、大塚勝夫さん（当時、和光大学教授、その後に早稲田大学教授）で、生命系の経済学を専門にする方でした。

環境を視野に入れての経済学を説き、「農的生活」を提唱し共生社会の実現を考えている大塚さんの講義に、参加者は、暮らしのありようを根本から考え直すことになりました。

1988年5月～7月、講師大塚勝夫氏による教育講座「暮らしを見つめなおす経済学」のプログラム

月　日	内　容
5月26日（木）＊	生活と経済学 〈学び〉の現在を考える
6月　2日（木）	〈緑〉と〈土〉をほりおこす 〈水〉をあらう
6月　9日（木）＊	産業と経済学 〈星座〉の中に〈方法〉を見る
6月16日（木）	〈土用の丑の日〉を読む 〈台風〉にエネルギーを思う
6月23日（木）＊	開発と経済学 〈祭〉から〈あとの祭〉へ
6月30日（木）	〈実りの秋〉と労働 〈忘年会〉とエントロピー
7月　7日（木）＊	労働と経済学 〈お年玉〉と〈互恵〉社会の論理
7月14日（木）	〈駒ヶ岳〉から情報化社会を眺める 〈卒業〉＝歳時記からライフ・ステージへ

プログラム内容の項目は、テキストに使用する『歳時記の経済学』（中村達也著／岩波書店）の目次によっています。
＊印の日は、講師を囲み、他の日は、参加者と職員とでテキストを使いながら話し合い学習で進めます。

それは、私も同じです。いくつも思いあたることがあり、実行できるものはすぐに行動に移すことになりました。「農的生活」とは、今で言う「スローライフ」を先取りするもので、これこそが求めていたものだと光を感じるようになったのです。

少しくらい不便なところの方がいい

「小和田」の次、「香川」に赴任するのですが、ここで陶芸家・加山哲也さんと昆虫研究家・岸一弘さんに出会います。「時」に対する感覚がまるで違う加山さんは、トトロのふるさとからの贈り物のような人でした。岸さんのお陰で、失われていく自然分野に大きく目を向けることになりました。「ゆったりとした人と文化の交差点を目指す」をスローガンに掲げて、「かがわ新時代」は動きはじめました。

自宅が藤沢で工房が大磯にある加山さんは、その間にある「香川」によく遊びに寄られました。自由アトリエという事業の講師になってもいただきましたが、気軽に公民館まつりの実行委員になり、大活躍されました。日常的に次のようなことを耳にしていましたが、すごい環境のところにいたものだと思い出されます。

「ものをつくる人間は、少しくらい不便なところに住んだ方がいい」

「思い（祈り）を込めてつくったものの方がいい、祈るようなつもりで一本の線を引かなければ絵は描けない」

「いやでも技術は身についてしまう。手段が技術であり、目的ではない。技術的知識が邪魔をすることがある」

「芸術家は、人生の壮大な遊びをしながら生きている」

心に残る言葉ではありましたが、当時は、その意味まではわかりませんでした。

香川公民館まつりの玄関風景。後ろの布による貼り絵は、自由アトリエの共同作品で、加山哲也さんの下絵によるもの（1990年）。

八重山で教示を受ける

大塚さんを通して知り合った詩人でミュージシャンの平田大一《ひらただいいち》さんは、今、郷里の沖縄で演出家としても大活躍しています。学生時代から天性の才能を発揮し、創作活動をしていた彼に魅せられた私は、いつか郷里の小浜《こはま》島で会いたいとの思いは、出会った時（一九九〇年十一月、平田さんは和光大学の学生でした）から抱いていました。その思いは、一九九八（平成十）年九月（この直前、大塚さんは急逝）、「黒潮ルネッサンス'98 in 小浜島」に参加することで実現します。

その旅で、八重山諸島の石垣島、西表《いりおもて》島、竹富《たけとみ》島、小浜島を歩いていたら、「お前も、創作家として生きていけよ」との教示を受けるというとても不思議な体験をしました。考えた末、畑を耕しながら木版画を彫っていくことがいい、それを私にとっての「農的生活」と呼び、深めていこうと密かに決めたのでした。

「香川」の次に、一時、福祉部門で働きますが、その後に図書館に移り退職まで働くことになりました。図書館の仕事の奥深さを知るにつれ、面白さは増すのですが、茅ケ崎を離れ、畑を耕していくとするなら定年まで待っては遅すぎると、二〇〇三（平成十五）年の暮れに退職したのです。

能登での暮らしをひらくカギ

二〇〇四年二月、能登に来てはじめて住んだのは、鵜川《うかわ》という所でした。隣接の小垣《おがき》地区に借りた畑は、建設残土を埋め立て、一〇年以上手付かずだったところでした。土には、コンクリートのかたまりや大小の石がたくさん混じっているし、茅《かや》の大株の下には、葛《くず》の蔓《つる》が縦横に茂っているのでした。ツルハシを使っての開墾作業、途中、何度となく投げ出しそうになりました。

ところで鵜川の近く瑞穂《みずほ》地区に、牧場ジェラート「マルガー」というとても評判のいいアイスクリーム屋さんがあります。能登で生活しはじめて間もない頃、そのアイスクリームを食べたくてお店に行きました。店主の柴野大盾《しばのおおだて》さんは、私より一つ年上の方です。元牧場主で、何年か前から現在の仕事に切りかえています。

畑をやりたくて能登に来たことを告げると、「よかったら、牧場跡地を使ってください、何万坪もありますよ」とのことです。今、会ったばかりの人間にこのような言葉をかけてくださるとはと、涙が出る思いでした。

畑は、妻とも相談しありがたくお借りすることにしました。芯のある優しい人柄は、その後も一貫して変わらず、どのようにして培われたものなのか知りたいと思っていました。

柴野さんは農業大学卒業後に進んだ大学院修士課程を終え、リュックサックを背負って全国行脚に出ました。優れた酪農家と出会ったことで、酪農を生涯の仕事に決めたのだそうです。郷里の能登に用地を求めてから、すさまじいまでの開墾生活を送っておられることがわかり、「やはり」と胸に落ちるものを感じているところです。

牧場跡の畑を耕していたこの年の夏のこと、「やあ、やあ」と気さくに声をかけてくださったのは、同じ瑞穂地区に住んでいる辻野貞英《つじのさだひで》さんでした。辻野さんは、七十歳で定年退職し、その後の楽しみとして畑を借り耕している人です。どこから来たのかとか聞かれ、「仲良くせんかいね」が、最初の言葉でした。秋になって、「茸とりにご一緒しませんか」とのお誘いを受け、急速に親しくなりました。

お互いの家を、行き来するようにもなり、そこでわかったのが、木工品づくりに素晴らしい才能を持っておられることです。だからかとも思うのですが、私が版画を彫ることにとても理解をしてくださいます。

私の家に来られた最初の日、こんなことを言われました。小垣の荒れ地を拓いている私を見かけて、「一体、誰なのだろう、何をするつもりなのだろうか、体は小さいし、ツルハシの持ち方からして力仕事をする人には見えないけれど」と思っているうちに、少しずつ畑になっていくのがわかり、「これは、声をかけなければと思い続けていたのですよ」とのことでした。瑞穂の牧場跡地の畑を耕している姿を見ると、小垣と同じ人物だとわかったのではじめて声をかけたのだそうです。見ず知らずの者をこんなふうにまで思いやってくださるとはと、能登に来て良かったとしみじみと思ったものです。

九歳でお父さんを戦争で亡くし、若くして「母と二人で田畑を耕しながら生きてきました、世間の人にお世話になってきたから、今、できるお返しをしているだけ」といわれる笑顔からは、苦労の跡は見うけられません。

柴野さんも、辻野さんも、能登人の懐の深さや広さが感じられ、古くから伝わる「能登はやさしや土までも」そのものが今も生きていることを思わせます。とりわけこのお二人により、能登での暮らしをひらくカギを与えられたような気がしています。

朝市に出る、そして木版画の個展開催

能登半島でも穏やかな海の内浦側、中島町（現在、七尾《なな お》市と合併）というところは、俳優・仲代達矢の率いる「無名塾」の合宿地、能登演劇堂もあって「演劇の町」として全国発信しているところでもあります。それだけでも充分魅力的なのですが、加えて豊かな自然がとても気に入り、中島町小牧《お まき》地区を永住の地と決め、退職前に土地を求めておきました。

その小牧にいよいよ家を建てることが具体化し、一年足らず住んだ鵜川を離れ、能登中島駅近くに仮住まいの後、新居に移ったのは二〇〇五年六月でした。七月に入ってすぐ初めて栽培を手がけた紅花の花が見頃をむかえている時、小牧区三班の人たちが歓迎会を開いてくださいましたが、これは感激的な出来事でした。

鵜川にいた時から、生活の支えを朝市に出ること、そして茅ヶ崎を中心に野菜の宅配便「能登ふるさと便」を送ろうと考えていました。朝市では、はじめ「能登國輪島地物市」に出ていたのですが、地元に馴染みたく翌年から七尾の「能路市場（のじ・まーけっと）」に切り替えました。

能登暮らしも三年目に入るところから、そろそろ木版画の個展を持ちたいと、会場さがしをはじめたのが二〇〇六年一月です。七尾で古くから栄えた商店街・一本杉通りには、昆布・海産物処「しら井」内にギャラリー「玉藻」があることを知り、交渉したところ、快諾を得られました。それどころか、ポストカード用版画を彫って欲しいとの、もったいないほどの依頼までされたのです。

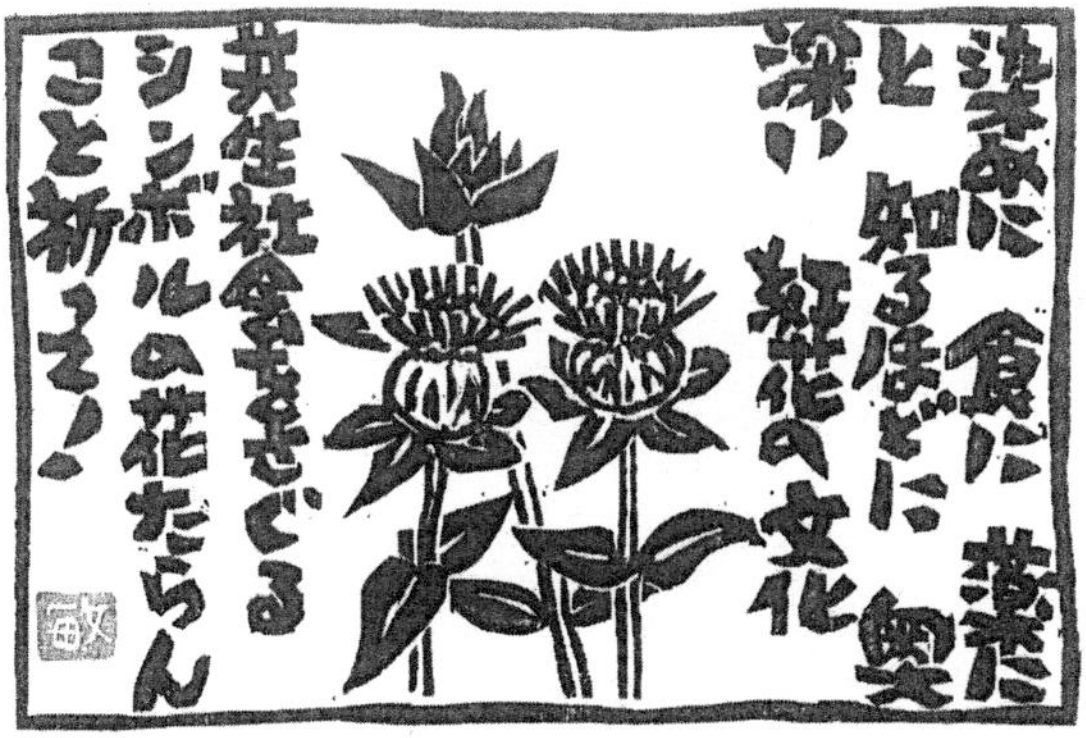

鈴木敏治《紅花の文化》（2005 年）

この店の専務・白井洋子夫人が一本杉通り町おこしグループ「オー・ゴッドの会」（商店街おかみさん五人）の一人だったことによります。駅前再開発や郊外への大型店の進出による地盤沈下に対応しようと、その年三年目をむかえる町おこしイベント「花嫁のれん展」（『季刊 銀花』二〇〇五年春、一四一号に「花嫁のれん麗し北陸地方の伝承」に詳しい）にむけて、グッズづくりを考えている時と重なったからでした。

「オー・ゴッドの会」の皆さんとの出会いは、運命的ともいえるものになりました。というのは、めざましい活動をしてきた茅ヶ崎の女性たちと共通するところがとても多いからです。何よりも元気で好奇心旺盛、学習意欲盛ん、行動力に富んでいる、前向きで次々と面白いことをはじめていく。そうした女性たちの近くにいたのですが、能登に来て再び同じような人たちに出会えるとは夢にも思わないことでした。

作品制作にあたり、会員の方や町内会長・北林昌之さんとの交流が深まり、思わぬ発展もありました。この時期に、通りには八百屋がないからと「一本杉朝市」がはじまり、私たちにも声がかかったのです。そのため「能路市場」と「一本杉朝市」に出るのを中心に、一ヵ月のサイクルが回りはじめたのでした。

二〇〇六年六月、一ヵ月にわたる個展（「能登・農的生活からのメッセージ　第五回鈴木敏治木版画展」）期間中、茅ヶ崎から何組もの観覧者がありました。最も盛り上がりをみせたのは、「茅ヶ崎の社会教育を考える会」（「つくる会」はその後、このように改名）主催のツアーで、西山正子さんたち一〇人が個展観覧とあわせて「オー・ゴッドの会」との交流会をもった時のことでした。七尾と茅ヶ崎がこんな風につながるなんて、どうして予測できたことでしょう。お互いに刺激しあい、元気を分け合うことになりました。

公民館で働いていた頃、他市との交流がとても盛んで、公民館まつりでは、友情参加があいついだのは、先に記したとおりです。能登に来ても、その時ととてもよく似た状況の時があるのを感じます。仕事を離れてもこんな体験ができるのは、職業として選んだ仕事が、生き方としても選んだ中身でもあったからだと考えていますし、これが重要なのだと思います。

個展を前後して、加賀友禅作家をはじめ、能登の地で創作活動をしている人たちに次々と出会うことになり、進む方向がより明確になりました。

紅花の里づくりにたくす夢

大塚勝夫さんが郷里の山形県高畠《たかはた》町につくったセミナー・ハウス「屋代村塾」では、毎年夏にイベントを開催していて、何度か参加しています。その時、紅花の里に行ったことがありますが、広大な畑の見事な群落は、

「農的生活」の象徴であるかのような気がしたものです。

紅花の花を思うと高畠町でのことが思い出されます。中島町に根をおろすことになり、七尾湾を見下ろす山の斜面の畑に紅花の里をつくることを思いたったのです。小規模（約四〇坪）ながら畑一枚分ですからそれなりの景観になり、「何故、能登で紅花の里なのか」と聞かれるに違いない、と思ったのです。学びを仕掛けるとは、こういうことでもあります。

七尾湾をのぞむ紅花の里

紅花栽培は、二〇〇六年が二年目で約五〇坪、一〇〇〇本ほど手掛けました。花の色が黄金からオレンジへ、さらに紅色へと変化する様を夕闇の中で見ると、幻想的ですらあります。切り花として注文を受けるほか、お世話になった人へ花束にして配ったところ、「名前は知っていたけれどはじめて見た」「何で紅花をそんなにたくさん育てることになったのか」と大好評です。二〇〇七年はやや小規模でしたが、切り花としてお店に出すとすぐに完売となりました。

最初の年の七月、七尾市中島文化センターで「蘇る『着物』工夫展」を見学しましたが、会場に紅花のドライフラワーを見つけました。そこで、企画者にも花束をさしあげました。その人は、中島町の大黒《だいこく》呉服店代表取締役の大黒五平さんでした。同世代の人で、失われていく手仕事に関心を持ち、共生社会について考えている人でもありました。

話をしていると、大黒さんとの交流は、今後、何かがはじまっていくのではないかと予感させるものがありました。これだけでも、紅花の里づくりの意図は充分に達成できたといえます。それどころか実際、中島町での「農的生活」は、大黒さんなくしては語れないものとなっています。

めざすは農民版画家

二〇〇六年、能登での初個展以来この一年余りというもの、版画活動にしぼってもめまぐるしいものがありました。

二〇〇六年の十月は、クラフトフェスタ二〇〇六「のとじま手まつり」参加、二〇〇七年二月から三月にかけては七尾市教育委員会主催の七尾市民大学（木版画講座「能登の風物を彫る」）を担当、引き続きそこから生まれた木版画グループの活動開始、三月には、地元の中島商店まちおこしイベント「時のよそほひ　ひなまつりによせて」に協力して「能登中島　あるもの探し　版画で地元学」を開催、四～五月には一本杉通り「花嫁のれん展」にあわせて木版画展「わが永遠の一本杉通り」を開催、また地元の七尾市西岸公民館主催「山野草展」に版画で参加、地元の集落・小牧地区の「虫送り」行事に協力して木版画展「能登・小牧暮らしのときめき」を開催してきましたし、今後も予定が詰まっています。

作品展をすると、制作依頼されることにもなって、能登のことをさまざまな角度から深く学んでいかなければならなくなりました。

農に力を注げば、版画制作の時間がなかなかとれません。板挟みに悩みます。そこで思いおこすのが鴨川にいた時に、農協幹部の方から「鈴木さんは小垣の竹下栄寿《たけしたえいじゅ》さんを見習ったらいいですよ」と聞いていたことです。その少し前に竹下さんとは知り合っていましたが、なるほど農を営む姿は心から楽しそうですし、畑の作付けに工夫があって畑には人生観が込められているものなのだと知りました。竹下さんに続きたい、そして農に生きるからこそ生まれる作品を制作したいなら、至難であっても、農民版画家をめざしていこうと心に決めたところです。

出会いこそ学びの場づくりの原動力

今、毎日を、いわば「農的生活学校」の能登キャンパスで過ごしています。鶉川に続き、現在の小牧でも人が手をつけないような荒れ地を開墾していますが、茅ヶ崎の社会教育という土壌を耕すのと共通しているなと感じています。昨日は瑞穂、今日は小牧とキャンパスは変わりますが、どこにも畑の先生、学ぶ仲間がいて励まされます。畑の基盤をつくって、版画制作にむかい地域おこしなどの学びの場を創ろうと考える日々です。

出会いこそ、学びの場を創る大きな力だと思いますが、能登に来てもそのいくつかに恵まれはじめています。出会いは、その人の生き方、暮らし方、人生観に大きく関わっていると考えます。

参考文献

ジャン・ジャック・ルソー『エミール』永杉喜輔・宮本文好・押村襄訳、〈西洋の教育思想〉四、玉川大学出版部、一九八二年
ルソー（一七一二〜一七七八）が、彼自身の人生で得た体験をもとに導き出した教育論。架空の生徒エミールを登場させて、人が誕生してから成人するまでの理想の教育について論じられている。子どもは「自然」の弟子であるから、子どもの心身の発達に応じて手助けし、子どもの自由・自主性・幸福を尊重すべきであるなどとした。

ハーバート・リード『芸術による教育』宮脇理・岩崎清・直江俊雄訳、フィルムアート社、二〇〇一年
リード（一八九三〜一九六八）は、芸術を教育の根本的な基礎とした。美術教育だけでなく、音楽、文学、詩歌などを含む、自己表現のあらゆる方式を包括する審美教育についての手引き。人間の意識（個々の人間の知能や判断）の基礎となっているいろいろな感覚が、外部の世界と調和のあるかつ持続的な関係に置かれた場合にのみ、統合的人格が築き上げられるとした。

ポール・ラングラン『生涯教育入門』波多野完治訳、全日本社会教育連合会、一九七一年
ポール・ラングラン『生涯教育入門　第一部』波多野完治訳、全日本社会教育連合会、一九七九年
ポール・ラングラン『生涯教育入門　第二部』波多野完治訳、全日本社会教育連合会、一九七九年
一九六五年、ラングラン（一九一〇〜二〇〇三）が、「成人教育推進国際委員会」（ユネスコ・パリ本部）で提唱した

「生涯教育」は、今日の生涯学習のもととなった。生涯教育を唯一の社会変革のための方法と考え、人々に自ら学ぶことの必要性を唱えた。本書の一八ページ以下を参照。なお「第一部」は旧版の改訳版。別冊の「第二部」ではさらに実践論的な見解を展開している。

日本生涯教育学会編『生涯学習事典』〔増補版〕東京書籍、一九九二年
生涯学習支援をするために必要な言葉の意味や諸事項を、具体的な事例も含めて解説している。

稲垣佳世子、波多野誼余夫『人はいかに学ぶか――日常的認知の世界』中公新書、一九八九年
人は、日常生活をおくるために必要なことを、能動的に学ぶ。テストや賞罰で強制されなくても、遊びや技能を、必要を越えて上達しようとしたり、理解を深めようとする。人がいかに有能な学び手であるか、それはなぜなのかを、認知科学の研究で実証し、論じている。そして、新しい学習観による教育のありかたを提言している。

中野民夫『ワークショップ――新しい学びと創造の場』岩波新書、二〇〇一年
ワークショップは、双方向・体験学習型の新しい学び・創造の方法として、演劇や美術、町づくりなどさまざまな分野で行われている。事例を紹介し、ワークショップとは何か（定義、歴史、分類）、どのように行われているか、意義、注意点、会議や講演会への応用などを紹介している。

白石克己編『生涯学習論――自立と共生』実務教育出版、一九九七年

初めて生涯学習について学ぶ人のためのテキストで、通信教育課程の学生がホームスタディで学ぶことも想定して書かれている。各章のはじめに、問いの形で学習課題が記されているため、課題を考えながら読み進むことができる。生涯学習とは何か、学ぶ場（機会）、学ぶ時間（一生涯）、乳幼児期から高齢期の学習、現代の教育問題について論じ、現場について紹介している。

白石克己、金藤ふゆ子、廣瀬隆人編『学習プログラムの革新――学習者がつくる学びの世界』〈生涯学習の新しいステージを拓く〉第四巻、ぎょうせい、二〇〇一年

生涯学習を推進する行政や、地域社会でのまちづくり、企業・NPO・学校など、現場で学習支援に携わっている人のためのシリーズ全六巻のうちの一巻。時代の声に応える新しい学習プログラムのために、プログラムの内容、方法、形態、サポートする人材の役割・養成などを考察し、事例を紹介している。

加藤有次ほか編『生涯学習と博物館活動』〔新版〕、〈博物館学講座〉第一〇巻、雄山閣出版、一九九九年

博物館における学習支援活動の内容、企画、教育サービス、携わる人々（ボランティア、ミュージアムエデュケイター、ミュージアムティーチャー）などについて解説している。そして、美術館、自然史・歴史・理工系の博物館、動物園など幅広い博物館の現場から、教育活動の特色について報告している。全一五巻のうちの一巻。

岡本包治編著『現代生涯学習全集』全一二巻、ぎょうせい、一九九二年〜一九九三年

さまざまな視点から生涯学習について取り上げたシリーズ。各巻のタイトル――第一巻『生涯学習の基盤整備』、第

二巻『生涯学習審議会・推進組織の役割』、第三巻『生涯学習振興計画の構想と実践』、第四巻『生涯学習プログラムの開発』、第五巻『これからの指導者・ボランティア』、第六巻『地域における生涯スポーツの振興』、第七巻『まちづくりと文化・芸術の振興』、第八巻『イベントによる地域活性化』、第九巻『生涯学習施設ネットワーク化』、第一〇巻『有効な学校施設・機能の開発』、第一一巻『新しい社会教育の実務』、第一二巻『学習ニーズに応える資格』

池谷裕二『記憶力を強くする――最新脳科学が語る記憶のしくみと鍛え方』講談社ブルーバックス、二〇〇一年
気鋭の研究者が最新の脳科学の成果をとおして驚くほどわかりやすく「記憶」のメカニズムを解説する。とくに脳の「海馬」という領域が記憶情報の司令塔であり、脳の中でここだけ年齢に関係なく、鍛えれば神経細胞を増殖しうること、「海馬」が活発に働くためには「興味を持ってものごとを見つめる」ことであり、記憶力向上には自ら興味を喚起することが何より重要だという指摘が注目される。話は神経細胞レベルでの記憶メカニズムに及び、同じ神経細胞が複数の記憶に使用されるため人間の記憶は曖昧になる反面、情報が相互作用して連想が生まれ、これが「創造（想像）」の原動力になるという。私たちの学習意欲を喚起してくれる一冊である。

山鳥重『「わかる」とはどういうことか――認識の脳科学』ちくま新書、二〇〇二年
考えることは、誰にでもごく普通に備わっている心の働きである。その結果、「わかる」「わからない」「もう少しでわかりそう」といった感情をいだく。高次脳機能障害の臨床医である著者が、やさしいことばで、人の認識の仕組みについて科学的に解説している。どのようにしてわかったと感じるか、なぜわかりたいと思うか、いろいろな「わかる」があることなどを紹介している。そして、私たちが本当の意味で「わかる」ためには、どうすべきかを指摘している。

岡部あおみ・神野善治・杉浦幸子・新見隆『ミュゼオロジー入門』武蔵野美術大学出版局、二〇〇二年

新しい美術館論を標榜する一冊です。ソルボンヌ、ルーヴル美術館学院で学び、草創期のポンピドゥー・センターで現代美術展示を展開してきた岡部の美術館論、森美術館でキューレーターとしてパブリックプログラムを開拓した杉浦のミュージアムの歴史、日本の文化財保護に携わってきた神野のミュージアムにおけるモノと情報論に加えて、日本を代表する民間美術館のひとつセゾン美術館でユニークな活動をしてきた新見が「世界編集」のシステムとしての新しいミュゼオロジー論を展開する。

作成／田中洋江《たなかひろえ》（飯田女子短期大学専任講師）

図版クレジット（敬称略）

一七ページ　ポール・ラングラン（『生涯教育入門　第二部』全日本社会教育連合会、一九七九年）
五三ページ　カフェでの作品展示（撮影／杉浦幸子）
六一ページ　階段を利用したアクセスプログラム（写真提供／京都国立近代美術館）
六三ページ　展示室内でのレクチャー（撮影／杉浦幸子）
　　同　　　自分の作品を使って小学生にギャラリートークをする高校生（撮影／杉浦幸子）
六七ページ　ヴィジョンツアー「はなして、みる!?」（写真提供／森美術館）
六九ページ　障害者特別鑑賞会「パリ・マルモッタン美術館展」（写真提供／エイブル・アート・ジャパン）
七二ページ　「高校生ウィーク　ちへい／カフェ」（写真提供／水戸芸術館現代美術センター）
七四ページ　「スチューデント・スタディ・モーニング」（撮影／杉浦幸子）
七七ページ　日本美術展示室にたたずむ高校生（撮影／杉浦幸子）
九一ページ　雪村周継《葛花、竹に蟹図》（群馬県立近代美術館所蔵）
　　同　　　板橋区立美術館の解説プレート（提供／板橋区立美術館）
九三ページ　板橋区立美術館の展示風景（写真提供／板橋区立美術館）
　　同　　　板橋区立美術館の露出展示の風景（写真提供／板橋区立美術館）
一〇三ページ　宇都宮美術館「deli.」の「坐る」のキット編に入っている椅子の縮尺二分の一模型（写真提供／宇都宮美術館）

同　宇都宮美術館で開催されたワークショップの風景（写真提供／宇都宮美術館）
同　キットが入った箱の中身（写真提供／宇都宮美術館）
同　「坐る」のリートフェルトの椅子の概要（写真提供／宇都宮美術館）
一〇五ページ　マンチェスターの中心街の一角にある「ＵＲＢＩＳ」（撮影／紫牟田伸子）
一一五ページ　二十歳頃の牧野富太郎（高知県立牧野植物園所蔵）
一二七ページ　アメリカ留学中の南方熊楠（南方熊楠顕彰館（田辺市）所蔵）
一三四ページ　南方曼荼羅と呼ばれる図形（南方熊楠顕彰館（田辺市）所蔵）
一三九ページ　《太陽の塔》（川崎市岡本太郎美術館所蔵）
同　《太陽の塔》内部「生命の樹」（川崎市岡本太郎美術館所蔵）
一四四ページ　岡本太郎《森の掟》（川崎市岡本太郎美術館所蔵）
一四五ページ　『今日の芸術』（川崎市岡本太郎美術館所蔵）
一四七ページ　岡本太郎撮影「縄文土器」内藤正敏プリント（川崎市岡本太郎美術館所蔵）
一五一ページ　岡本太郎撮影「沖縄」内藤正敏プリント（川崎市岡本太郎美術館所蔵）
同　岡本太郎《装える戦士》（川崎市岡本太郎美術館所蔵）
一八五ページ　鈴木敏治《紅花の文化》（作家提供）

執筆者紹介

神野善治（かみの・よしはる）
一九四九年東京都生まれ。慶応義塾大学経済学部卒業。博士（民俗学）國學院大学文学部。沼津市歴史民俗資料館学芸員、文化庁文化財調査官を経て、現在、武蔵野美術大学教授として主に学芸員課程を担当。武蔵野美術大学美術資料図書館館長。著書に『人形道祖神——境界神の原像』（柳田賞受賞作、白水社、一九九六年）、『木霊論——家・船・橋の民俗』（白水社、二〇〇〇年）ほか。

杉浦幸子（すぎうら・さちこ）
東京生まれ。一九九〇年お茶の水女子大学文教育学部哲学科美学美術史専攻卒業。一九九五年ウェールズ大学院教育学部美術館教育専攻修了。「横浜トリエンナーレ2001」教育プログラム担当。二〇〇二〜二〇〇四年森美術館パブリックプログラムキュレーター。二〇〇五年より京都造形芸術大学勤務。現在、国際交流グループグループヘッド、「世界アーティストサミット」コーディネーター。

紫牟田伸子（しむた・のぶこ）
一九六二年東京都生まれ。一九八四年学習院大学文学部哲学科（美学芸術学系）卒業。美術出版社『デザインの現場』『BT／美術手帖』編集部を経て、現在日本デザインセンターチーフプロデューサー／武蔵野美術大学通信教育課程非常勤講師。共著に『カラー版日本デザイン史』（美術出版社、二〇〇三年）、『ちょっと知りたい美術の常識』（美術出版社、二〇〇五年）、『ワークショップ　偶然をデザインする技術』（宣伝会議、二〇〇六年）、『もっと知りたい美術の常識』（美術出版社、二〇〇六年）など。

仲野泰生（なかの・やすお）

一九五五年東京都生まれ。横浜国立大学教育学部美術科卒業。横浜国立大学教育学研究科（修士課程）美術教育専攻美術専修修了。川崎市岡本太郎美術館などを経て、二〇〇六年川崎市市民ミュージアム勤務。主な担当企画「多面体・岡本太郎——哄笑するダイナミズム」（岡本太郎美術館開館記念展、一九九九年）、「こんな日本——岡本太郎が撮る×内藤正敏が撮る」（二〇〇四年）ほか。編著『美術鑑賞宣言』（山木朝彦・菅章・仲野泰生編、日本文教出版、二〇〇三年）、著書（共著）『絵画の教科書』（谷川渥監修、日本文教出版、二〇〇一年）など。

鈴木敏治（すずき・としはる）

一九四五年神奈川県生まれ。法政大学社会学部卒業。社会教育の仕事を志して茅ケ崎市役所に就職。社会教育課、公民館、図書館などに勤務。市民運動から生まれた公民館草創期に携わり、その活動は「八〇年代の公民館」の代表例と呼ばれた。共著に『地球がまるごと見えてきた！』（径書房、一九八五年）、『お母さんの仕事　お父さんの仕事』（晶文社、一九八七年）ほか。二〇〇四年能登半島に移住、「農的生活」を送る農民版画家として地域活動を展開中。

ミュージアムと生涯学習

二〇〇八年四月 一 日 初版第一刷発行
二〇二四年二月 一 日 **オンデマンド版発行**

監修／神野善治
著者／神野善治＋杉浦幸子＋紫牟田伸子＋
仲野泰生＋鈴木敏治

編集・制作／武蔵野美術大学出版局
表紙デザイン／白尾デザイン事務所

発行者／**長澤忠徳**
発行所／武蔵野美術大学出版局
一八〇―八五六六
東京都武蔵野市吉祥寺東町三―三―七
電 話／〇四二二―二三―〇八一〇
印刷・製本／**株式会社真興社**
落丁・乱丁本はお取り替えいたします。

ISBN978-4-901631-80-8 C3070